Ruth Hildebrand-Mallitsch

Stationenlernen im Religionsunterricht

Und im Himmel geht es weiter?

Nachdenken über Leben und Tod

5./6. Klasse

Persen Verlag

Die Autorin:

Ruth Hildebrand-Mallitsch unterrichtet an einer Hauptschule die Fächer Religion, Mathematik und Biologie. Sie ist Fachleiterin für das Fach evangelische Religionslehre am Studienseminar Dortmund.

Unter Mitarbeit von:
Antje Beyer
Julia Bley
Viola Deister
Annika Droste
Daniela Franke
Katharina Harth
Magdalena Scherff
Leonie Sedat
(Lehramtsanwärterinnen des Fachseminars evangelische Religionslehre)

Gedruckt auf umweltbewusst gefertigtem, chlorfrei gebleichtem und alterungsbeständigem Papier.

1. Auflage 2010
Nach den seit 2006 amtlich gültigen Regelungen der deutschen Rechtschreibung

Illustrationen: Nataly Meenen
Satz: MouseDesign Medien AG, Zeven
Sprecher/CD: Peter Kühn
Aufnahmestudio: EARFORCE Tonstudio GbR, Stade

ISBN 978-3-8344-**3256**-8

www.persen.de

Einführung

Arbeit an Stationen

Die 10 Stationen

Anhang

Vorwort

Schülerinnen und Schüler der Klassen 5 und 6 sind noch in einem Alter, in dem ihnen der Tod häufig nur in Filmen, in den Nachrichten, in den Zeitungen, in Computerspielen, aber seltener als existentielles Thema der Menschen begegnet. Wenn Schüler dieser Altersgruppe dem Tod in realer Form begegnen, weil Opa gestorben ist oder Tante Berta totkrank auf der Intensivstation liegt, wäre es hilfreich, wenn sie vorbereitet sind auf Ängste, auf Schmerz, auf Trauer ... Daher soll es in diesem Stationenlernen darum gehen, dass Schüler grundlegende Gedanken, Gefühle, Einstellungen, Rituale und religiöse Vorstellungen zum **Tod** erfahren, damit das Thema **Sterben** für sie überhaupt ein Thema ist. Sie sollen also ihre Sprachfähigkeit zu dem Tabuthema Tod entwickeln, sie sollen eigene Gefühle wahrnehmen, über diese ins Gespräch kommen und so einen ersten Schritt aus der Unsicherheit in einen lebensförderlichen Umgang mit dem Tod machen.

Ganz unabhängig von der religiösen Sozialisation soll es in dieser Unterrichtseinheit erst einmal um eine Annäherung an das Thema Tod gehen. Daher ist die Überschrift auch als Frage formuliert: Und im Himmel geht es weiter?

Die Stationen wollen das sensible Thema auch sensibel angehen, sie geben Denkanstöße zu möglichen Vorstellungen, Ritualen, Reaktionen und Symbolen. Sie wollen Orientierung geben. Sie bieten Freiräume für individuelle Annäherungen an das Thema und sind weder einseitig auf unsere Religion, das Christentum, noch konfessionell einseitig ausgerichtet, sodass man diese Stationen auch in konfessionell kooperativen Lerngruppen oder im Klassenverband erarbeiten kann. Das kann möglicherweise zu spannenden Entdeckungen und überraschenden und fruchtbaren Diskussionen führen.

Viele Jugendliche kennen Religion eigentlich nur noch als Schulfach und haben kaum Erfahrungen mit gelebtem Glauben in der Familie, aber wenn ein lieb gewonnener Mensch stirbt, dann wollen und erleben viele Menschen Handlungen religiöser Natur: Gebete, Andachten, Beerdigungen, Anwesenheit eines Pfarrers/Pastors. Von daher weckt oder vertieft diese Stationenarbeit im Hinblick auf den Tod vielleicht auch die Frage nach Gott und das Interesse nach Antworten, die unsere Religion bietet. So wäre ein Grundstein gelegt zur Auseinandersetzung mit Fragen des Sterbens und des Todes, die in den höheren Jahrgängen durch folgende Themen erweitert und vertieft werden können:

7/8 Der Tod im Christentum
Trauerrituale, Trauerarbeit
Friedhöfe
Jenseitsvorstellungen in anderen Weltreligionen

9/10 Abtreibung
Sterbehilfe
Patientenverfügung
Selbstmord
Organspende
Hospiz-Bewegung
Todesstrafe

Religionsunterricht ist mehr als Reden über Religion

Religion betrifft den ganzen Menschen und darf daher nicht einseitig auf die kognitive Dimension reduziert werden. Religion wird erst im Vollzug der religiösen Praxis wirklich und nimmt Bedeutung an. Daher muss der Religionsunterricht zu einem Lernraum werden, in dem junge Menschen reale religiöse Erfahrungen machen und sich mit diesen auseinandersetzen. So wird Religion wahrnehmbar, erlebbar, erfahrbar und religiöse Praxis kann probeweise vollzogen werden.

Damit wird ein Unterricht erreicht, in dem Schüler[1] nicht vorwiegend von der Lehrperson lernen, sondern voneinander in Kooperation, Diskussion, im Austausch über die eigenen Gefühle, Gedanken, Erfahrungen, sodass das lebendige Unterrichtsgeschehen im Mittelpunkt steht.

Erkenntnisprozesse im Religionsunterricht sind viel mehr als reine Wissensprozesse. Es geht nicht mehr nur um ein Bescheidwissen über Religion, sondern um religiöses Orientierungswissen und die Erfahrung von Religion und Glaube. Das kann nur gelingen, wenn Lernprozesse schülerorientiert, lebensbedeutsam, sinnerfüllt, entdeckend und handlungsorientiert sind.

Schüler sollen Fragen stellen, gemeinsam nach Antworten suchen, sich zurechtfinden in ihrer Religion, Standpunkte und Haltungen entwickeln, die in ihrem Leben von Bedeutung sein können und daher sind offene Lernformen am ehesten geeignet, die Voraussetzungen dafür zu schaffen. Schüler können durch motivierende Lernarrangements religiöses Wissen mit eigenen Erfahrungen, Vorstellungen, Ideen verknüpfen und sich so einen individuellen, lebensbedeutsamen Zugang zu religiösen Inhalten verschaffen.

Die Schüler sollen in der Lage sein, an religiösen Formen, Ritualen verstehend teilzunehmen, Orientierungskompetenz entwickeln und so zu einem individuellen Standpunkt kommen, sodass religiöse Inhalte subjektive Bedeutung erlangen, indem sie einen Perspektivenwechsel vornehmen, also von der Binnenperspektive (z. B. Textbegegnung) zur Außenperspektive (Reflexion, Transfer auf heutige Lebenswelt). Sie sollen ein Basiswissen erarbeiten, eine Deutungskompetenz entwickeln, indem sie in offenen Räumen Religion begegnen. Die performative Religionsdidaktik bietet geeignete Ansätze.

Performativer Religionsunterricht

Der Begriff performativer Religionsunterricht stammt von Rudolf Englert (2002) und ist der Versuch, die unterschiedlichen Ansätze eines erfahrungsöffnenden Lernens in einem Modell zu vereinen.
„Es geht hier durchgängig darum, heutigen Schülerinnen und Schülern in der tätigen Aneignung und Transformation vorgegebener religiöser Ausdrucksgestalten (insbesondere aus der jüdisch-christlichen Tradition) eigene religiöse Erfahrungen zu eröffnen."[2]

---

[1] Der besseren Lesbarkeit halber ist hier nur von Schülern und Lehrern die Rede, selbstverständlich sind auch alle Schülerinnen, Lehrerinnen etc. gemeint.

[2] Englert 2002 in rhs 1/2002 Themenheft „Performativer Religionsunterricht"

Religion muss also in Form gebracht werden:

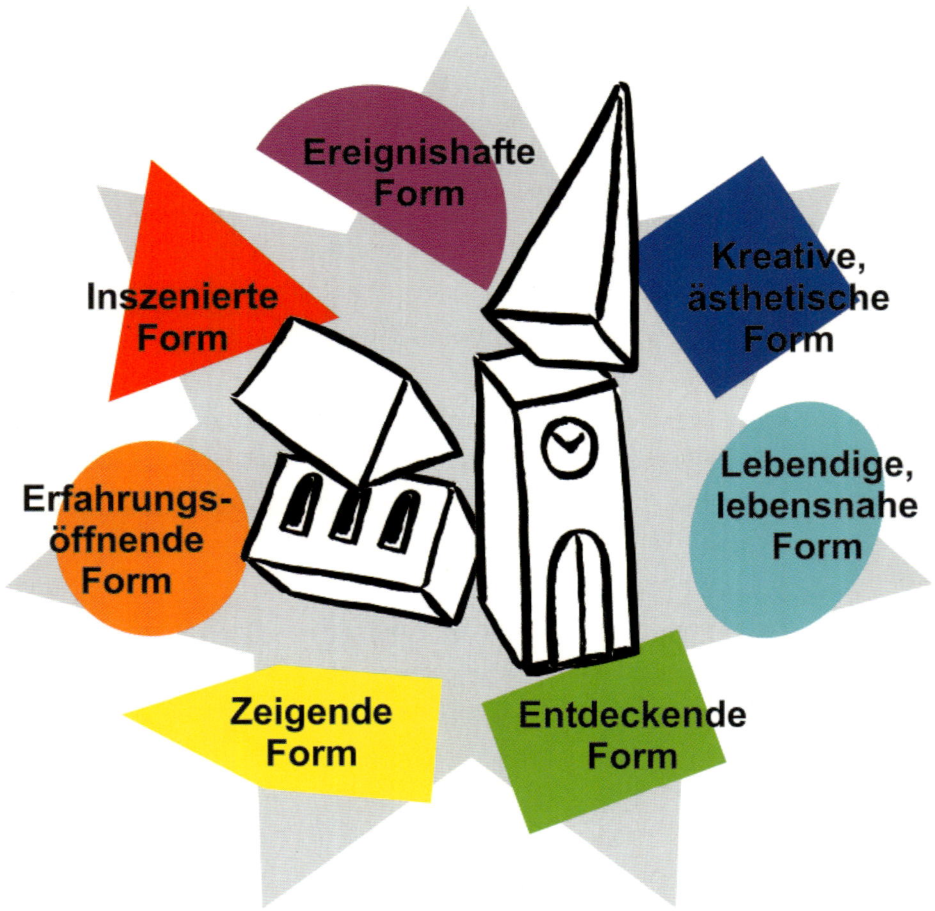

Im Religionsunterricht heute sitzen heterogene Lerngruppen: gläubige Schüler, zweifelnde, interessierte, suchende, ungläubige und völlig gleichgültige. Diesem Phänomen kann man nur begegnen mit offenen Lernarrangements, die ein religiöses Angebot machen.

Schon seit vielen Jahren kann der Religionsunterricht nicht mehr auf einen Vorlauf religiöser Erziehung durch Elternhaus und Kirche aufbauen und somit hat er eine andere Grundaufgabe erhalten: Der Unterricht muss mit Religion bekannt, vertraut machen, wenn religiöse Reflexion nicht gegenstandslos werden soll. Dem Ausfall religiöser Sozialisation muss Rechnung getragen werden, der verschüttete Zugang zur eigenen Religion muss freigelegt oder ein Weg überhaupt angelegt werden, bevor Schülerinnen und Schüler ein Gespür für Religion entwickeln können.

Lernen an Stationen im RU

Eine Möglichkeit ein solch offenes Lernangebot zu machen, bietet das Lernen an Stationen. Es beschreibt ein zusammengestelltes Angebot mehrerer Stationen, an denen die Schüler im Rahmen einer übergeordneten Thematik, Teilbereiche und -aspekte sowie Problemstellungen selbstständig bearbeiten und zwar unter den folgenden lernförderlichen Aspekten:

- Schüler erarbeiten sich religiöse, lebensbedeutsame Inhalte selbsttätig und selbstständig, ihren Fähigkeiten und Möglichkeiten, ihren Arbeitstempos entsprechend.

- Die Stationen sind ein Angebot an die Schüler und bieten kreative Zugänge zu religiösen Themen.
- Es werden unterschiedliche Lerntypen angesprochen: der visuelle, der auditive, der haptische, der intellektuelle.
- Kommunikation über religiöse Inhalte, Fragen und Kooperation beim Erarbeiten derselben werden gefördert; Religion wird zum Sprechen gebracht, statt Reden über Religion.
- Dem Prinzip Lernen mit Herz, Hand und Verstand wird durch kreative Zugänge zu einzelnen Themen Rechnung getragen. Selbsttätig wird Religion in ihren Formen und Figuren ertastet, erspielt, gesehen, gehört, erlebt und bewegt.
- Der Lernende selbst steht im Mittelpunkt: Über Erfahrungen im konkreten Tun kommen die Lernenden zu religiösem Wissen und zur Orientierung im religiösen Raum. Das Lernen an Stationen eröffnet Freiräume für individuelle Fragen, Gedanken, Emotionen und Einstellungen zu religiösen Inhalten.
- Die Schüler haben die Möglichkeit, sich biblische Texte durch kreative Zugänge zu erschließen, sie auf ihre Lebenswelt zu übertragen und so lebensnah zu durchdringen; je sinnlicher eine Botschaft ist, desto größer die Bereitschaft, sie zu durchdenken, zu hinterfragen, zu verstehen.
- Die unterschiedlichen Sozialformen schaffen ein lernförderliches Arbeitsklima, in dem die Schüler sich mit positiven Gefühlen, stressfrei, ohne Leistungsdruck, ohne Angst religiösen Thesen, Fragen, Werten, Persönlichkeiten, Texten … nähern können. Soziale Kompetenzen, wie miteinander arbeiten, zuhören, aufeinander eingehen, sich einigen, Rücksicht nehmen, Absprachen treffen, Regeln beachten, sich helfen und unterstützen, werden gefördert.

Religion – das kleine Fach **für große Fragen:** Woher? Wohin? Wozu? Warum? Was ist gerecht? Wie hat alles angefangen? Was ist Glück? Wo wohnt Gott?

Der Religionsunterricht sollte den Schülern tragfähige Antworten, Orientierung geben und das Selbstkonzept stärken. Es geht immer um Lebenswissen, das den Jugendlichen helfen soll, achtsam, verantwortungsvoll, kooperativ, vorurteilsfrei durchs Leben zu gehen. Dazu brauchen die Schüler Kompetenzen und diese sollte ein guter Religionsunterricht hervor bringen, entwickeln und fördern.

Was aber nun sind eigentlich Kompetenzen?

Kompetenzen sind inhalts- und bereichsspezifische Konkretionen der Standards und werden für ihre jeweilige „Domäne" bestimmt. Sie sind das Resultat schulischer Lehr- und Lernprozesse. Kompetenz bezeichnet den Lernerfolg im Hinblick auf den Lernenden selbst und seine Befähigung zu selbstverantwortlichem Handeln im privaten, beruflichen und gesellschaftlichen Bereich (deutscher Bildungsrat 1974).

„Kompetenzen sind die bei Individuen verfügbaren oder durch sie erlernbaren kognitiven Fähigkeiten, um bestimmte Probleme zu lösen sowie die damit verbundenen motivationalen, volitionalen und sozialen Bereitschaften und Fähigkeiten, um die Problemlösungen in variablen Situationen erfolgreich und verantwortungsvoll nutzen zu können." (Weinert 2001)

Kompetenzen sind Fähigkeiten, Kenntnisse, Fertigkeiten, Einstellungen und Haltungen, über die Schüler verfügen müssen, um zunehmend komplexere Aufgaben zu lösen und Situationen bewältigen zu können. Kompetenzen versuchen, die sichtbaren Ergebnisse von Unterricht zu beschreiben und sind durch geeignete Aufgaben zu überprüfen.

„Wer sich auf den Weg macht, möchte hin und wieder klären, wie weit er ist oder ob er noch auf dem Weg ist, den er sich vorgenommen hat." (Mats Ekholm)

Und was sind religiöse Kompetenzen?

„Religiöse Kompetenz ist die erlernbare, komplexe Fähigkeit zum verantwortlichen Umgang mit der eigenen Religion in ihren verschiedenen Dimensionen und in ihren lebensgeschichtlichen Wandlungen." (Ulrich Hemel 1988)

„Von Kompetenzen kann gesprochen werden,

- wenn gegebene Fähigkeiten der Schüler genutzt werden
- wenn auf vorhandenes Wissen zurückgegriffen werden kann bzw. die Fertigkeit gegeben ist, sich Wissen zu verschaffen
- wenn zentrale Zusammenhänge der Domäne verstanden werden
- wenn angemessene Handlungsentscheidungen getroffen werden
- wenn dies mit Nutzung von Gelegenheiten zum Sammeln von Erfahrungen verbunden ist und
- wenn aufgrund entsprechender handlungsbegleitender Kognitionen genügend Motivation zu angemessenem Handeln gegeben ist." (Klieme u. a.: Zur Entwicklung nationaler Bildungsstandards. Bonn 2003 S. 74/75)

Somit bringt der Begriff „Kompetenz“ eine stärkere Anwendungs- und Wirkungsorientierung in das Fach Religion hinein. Es geht also nicht mehr nur darum, was ein Schüler lernt, sondern darum, was er danach tatsächlich kann.

Kompetenzorientierter Religionsunterricht unterscheidet sich vom bisherigen durch den konsequenten Blick auf das, was Schüler am Ende einer Unterrichtsreihe wissen und können sollten, es geht um den langfristigen Aufbau von Kompetenzen. Dabei ist es wichtig, Lernangebote so miteinander zu verzahnen, dass nachhaltiges, vertiefendes Lernen ermöglicht wird. Lernprozesse müssen rückwärts gedacht werden, von den Kompetenzen ausgehend. Also müssen Teilkompetenzen in der Planung erarbeitet werden und dann erst sollten methodisch-didaktische Überlegungen angestellt werden.

Also: **Wo will ich hin?**
Welche Teilkompetenzen sind hierzu von Bedeutung?
Wie kann ich diese methodisch-didaktisch erreichen?

Im Religionsunterricht geht es um einen Lernprozess, der auf eine aktive Fragehaltung der Schüler zielt. Religiöse Bildung ...

- trägt zum Erwerb von Fähigkeiten bei, sich selbst, andere und die Wirklichkeit insgesamt zu verstehen;
- zielt auf das Kennenlernen der eigenen Religion ab;
- soll den Dialog mit der Realität und anderen Religionen fördern.

Wie muss nun kompetenzorientierter Unterricht aussehen?

- Im Mittelpunkt eines kompetenzorientierten Religionsunterrichts stehen die Schüler, ihre Entwicklung und die Ausbildung und Förderung ihrer Fähigkeiten.
- Die implizierten Kompetenzen müssen von der Lehrkraft bestimmt werden.
- Die Bedeutung für die Lebens- und Lerngeschichte der Schüler muss analysiert werden. Erst wenn die Lebensrelevanz für die Schüler erkennbar ist, werden sie motiviert sein, sich mit den Inhalten zu beschäftigen.
- Erhebung der Lernausgangslage: Erfahrungen, Kenntnisse, Fähigkeiten, Interessen und Einstellungen
- Aufeinander aufbauende Unterrichtseinheiten statt beliebige Abfolge von Themen.
- Transparenz der Lernprozesse, Aufbau von Wissen und Können als Kontinuum gestaltet, sollte für Schüler transparent sein.
- Lernsituationen müssen geschaffen werden, die Herausforderungscharakter haben und in denen bestimmte Fähigkeiten zur Bewältigung der Situation erworben oder variabel aktualisiert werden können.
- Förderung selbstständigen Lernens, Schaffen von Räumen für selbstgesteuerte Lernprozesse.
- Binnendifferenzierung im Hinblick auf Arbeitsprozesse, Arbeitszeiten, aber auch auf unterschiedliche Fähigkeiten und deren individuelle Förderung.
- Der Erwerb elementaren Wissens und grundlegender Fähigkeiten im Umgang und in der Auseinandersetzung mit Religion; Aufgabenstellungen, die theologische Deutungsdimensionen ungekünstelt mit der Lebenswelt der Schüler verbinden.
- Anregende, lebensnahe Aufgaben, die verschiedene Dimensionen religiöser Bildung ansprechen
- Einübende wiederholende Vernetzung von Wissen und Verankerung von Fähigkeiten.
- Vorbereitete Lernumgebung, denn Lernen beginnt mit sinnlichen Reizen und der Aktivierung des sensorischen Gedächtnisses.

Kompetenzorientierter Religionsunterricht

- Lernförderliches Klima schaffen: Respekt, Gerechtigkeit, fröhliche Grundstimmung.
- Methodenvielfalt, um abwechslungsreiche Lernwege anzubieten.
- Erarbeitete Aufgaben, erbrachte Leistungen sollten über einen längeren Zeitraum dokumentiert werden (z. B. Portfolio).
- Evaluation der Lernprozesse hinsichtlich der Kompetenzerweiterung.
- Schülerfeedback, z. B. nach Lernsequenzen zur Qualitätssicherung und -entwicklung.
- Prinzipielle Offenheit für den Dialog in religiös pluralen Lebenszusammenhängen; Perspektivenwechsel.

Grundformen religiöser Sprache kennen und deuten

Station 2 Die Schülerinnen und Schüler können Elemente einer Traueranzeige erklären und deren Sinn nachempfinden.

Station 4 Die Schülerinnen und Schüler lernen das Symbol Kreuz kennen und deuten.

Über das Christentum Auskunft geben

Station 4 Die Schülerinnen und Schüler lernen die Passionsgeschichte kennen und ordnen Bilder dazu in eine richtige Reihenfolge.

Hermeneutische Kompetenz

Station 4 Die Schülerinnen und Schüler erarbeiten die Passionsgeschichte und erfassen daran die mögliche Hoffnung auf ein Leben nach dem Tod.

Station 7 Die Schülerinnen und Schüler lesen Texte über Personen, die sich in unserer Gesellschaft unsterblich gemacht haben und entnehmen diesen Texten wichtige Informationen.

Persönliche Glaubensüberzeugungen zum Ausdruck bringen

Station 5 Die Schülerinnen und Schüler konkretisieren ihre Vorstellungen vom Leben nach dem Tod, indem sie ihre Gedanken in kleine Wolken schreiben.

Grundformen religiöser Praxis beschreiben, probeweise gestalten und ihren Gebrauch reflektieren

Station 2 Die Schülerinnen und Schüler stellen eine Traueranzeige zusammen.

Station 2 Die Schülerinnen und Schüler können verschiedene Arten der Bestattung mit Bildern verbinden.

Station 10 Die Schülerinnen und Schüler können den Umgang mit dem Tod in einer anderen Kultur nachempfinden, indem sie das mexikanische Totenritual durch das Basteln von Festschmuck nachstellen.

Theologische Frage- und Argumentationsfähigkeit

Station 3 Die Schülerinnen und Schüler stellen Fragen zum Thema Tod.

Station 6 Die Schülerinnen und Schüler denken in einem stummen Schreibgespräch das Modell „Unsterblichkeit" weiter und gehen dabei auf Ideen der Mitschüler ein.

Station 8 Die Schülerinnen und Schüler verbalisieren ihre eigenen Nachtodvorstellungen.

Kompetenzen

Religiöse Deutungsoptionen für Widerfahrnisse des Lebens wahrnehmen, verstehen und ihre Plausibilität prüfen

Station 1	Die Schülerinnen und Schüler hören die Geschichte des sterbenskranken Jungen Oskar, setzen sich mit seinem bevorstehenden Tod auseinander und vollziehen seinen Dialog mit Gott nach.

Religiöse Motive und Elemente in der Kultur (Literatur, Bilder, Musik, Werbung, Film, Sport) identifizieren, ideologiekritisch reflektieren und ihre Bedeutung erklären

Station 9	Die Schülerinnen und Schüler machen sich Gedanken zu Spielen, in denen das Töten als Aktion vorkommt und verbalisieren ihre Einstellung dazu.

Personale Kompetenz

Station 1	Die Schülerinnen und Schüler versetzen sich in Oskars Situation und schreiben einen tröstenden Brief.
Station 3	Die Schülerinnen und Schüler denken sich in die Blätter hinein und werden so für das Thema Sterben sensibilisiert.
Station 8	Die Schülerinnen und Schüler versetzen sich während einer Fantasiereise in unterschiedliche Lebensphasen hinein.

Kommunikative Kompetenz

Station 3	Die Schülerinnen und Schüler kommen über das Thema Sterben miteinander ins Gespräch.
Station 5	Die Schülerinnen und Schüler können ihre eigenen Nachtodvorstellungen artikulieren, diskutieren und vergleichen.
Station 6	Die Schülerinnen und Schüler besprechen Faktoren für ein langes, gesundes Leben.
Station 6	Die Schülerinnen und Schüler diskutieren den Traum aller Menschen unsterblich zu sein.

Ästhetische Kompetenz

Station 4	Die Schülerinnen und Schüler gestalten Kreuze als Symbole für Tod und Auferstehung.
Station 7	Die Schülerinnen und Schüler erstellen ihr eigenes Buch der Unsterblichkeit.
Station 8	Die Schülerinnen und Schüler drücken ihre Vorstellungen und Gefühle aus, die sie während der Fantasiereise erfahren haben.
	Die Schülerinnen und Schüler können einen Gedenktisch für die Toten gestalten.

Methodische Kompetenz

Station 6	Die Schülerinnen und Schüler mixen nach einer Rezeptur einen Zaubertrank.
Station 9	Die Schülerinnen und Schüler wenden Regeln an für das Spiel mit dem Tod.

Soziale Kompetenz

Station 9	Die Schülerinnen und Schüler spielen miteinander das Spiel mit dem Tod.

Lebensweltliche Appilkationsfähigkeit

Station 1	Die Schülerinnen und Schüler lernen eigene Gefühle zum Thema Sterben wahrzunehmen und schreiben Oskar einen tröstenden Brief.
Station 3	Die Schülerinnen und Schüler setzen sich mit dem Wachsen und Vergehen in der Natur auseinander und versuchen, einen Transfer auf das Leben und Sterben der Menschen.
Station 8	Die Schülerinnen und Schüler übertragen Lebensphasen einer Fantasiereise auf ihr eigenes Leben.
Station 10	Die Schülerinnen und Schüler lernen das Totenfest in Mexiko kennen und übertragen diesen Kult auf einen bunt geschmückten Festtisch als Erinnerung an Verstorbene in ihrem Umfeld.

Checkliste für Lehrpersonen

	Material, das der Lehrer bereitstellt	Anzahl der Kopien für die Schüler	ausdrucken und laminieren
Station 1 	• CD Player mit Kopfhörer • Oskars Brief auf CD • 1 großes Plakat als Briefbogen an der Wand	Aufgabenblatt Briefbogen	Stationsblatt (1x) Brief von Oskar in Textform (3x)
Station 2 		Aufgabenblatt 2a: • Todesanzeige Aufgabenblatt 2b • Puzzle blanko	Stationsblatt (1x) Memory (2–3x)
Station 3 	Baum, um die Blätter anzuheften	Aufgabenblatt 3 Vorlage Blatt Vorlage Baum	Stationsblatt (1x) Erzählung (3x)
Station 4 	Materialien zur Gestaltung der Kreuze; Tisch zur Präsentation	Aufgabenblatt 4 Bildergeschichte Leere Vorlage AB Kreuz	Stationsblatt (1x) Erzählung (3x) Lösungsblatt (1x)
Station 5 	Blaues Plakat als Himmel in der Klasse	Vorlage Wolke	Stationsblatt (1x) AB Station 5 (1x)
Station 6 	Zutaten Zaubertrank Becher, Papiertücher, Schnellhefter	AB Eigene Gedanken über Unsterblichkeit	Stationsblatt (1x) Anleitung Zaubertrank AB Station 6 (3x) Jasper-Zitat
Station 7 		Buchvorlage	Stationsblatt (1x) Bastelanleitung (1x) AB Station 7 (3x)
Station 8 	• CD Player mit Kopfhörer • Fantasiereise auf CD • bequeme Sitzmöglichkeit	Aufgabenblatt 8 AB 1 AB 2	Stationsblatt (1x)
Station 9 	Würfel, Spielfiguren	Fragebogen	Stationsblatt (1x) AB Station 9 Spielfeld (2x) Spielregeln (2x)
Station 10 	farbiges Papier, Fotokarton, Skelett aus dem Biologieraum, Klebstoff, Scheren, Heftklammern und dünnes Paketband etc.	Bastelanleitungen Malvorlagen	Stationsblatt (1x) AB Station 10 (1x)

Vorschlag für Aufteilung/Organisation im Klassenraum

Station 1

Station 6

In der Nähe des Waschbeckens

Station 2

Pult

Station 5

Plakat „Himmel“ in der Nähe anbringen

Station 7

Station 3

Baum in der Nähe zum Anheften der Blätter

Station 9

Station 10

Einen Tisch zusätzlich für die fertigen Präsente
Skelett aus dem Biologieraum dazu stellen

Station 4

Einen Tisch zusätzlich für die Präsentation der fertigen Kreuze

Station 8

In eine ruhige Ecke platzieren

Vorschlag für Aufteilung/Organisation im Klassenraum

Grundsätzlich gilt:

- Jede Station sollte ein **Stations-/Themenschild** haben, um den Schülern die Orientierung zu ermöglichen.
- Die **Regeln** für die Arbeit an den Stationen sollten auf Plakaten für alle sicht- und lesbar aufgehängt werden.
- Eine **Hilfestation** einrichten, an der die Schüler ihre Namenskärtchen nacheinander befestigen, sodass die Lehrperson in der richtigen Reihenfolge den Bedarf an Hilfe abarbeiten kann.
- Pinnwände, Tafeln, Tische etc. zur **Präsentation** in die Nähe der jeweiligen Station platzieren.
- Eine **Uhr** sollte über die zeitlichen Spielräume informieren.
- Es können **Pflicht- und Wahlstationen** bestimmt werden.

Laufzettel – Und im Himmel geht es weiter?

Name: ______________________________

	Thema	Aufgabe	Material, das du benötigst	Erledigt
1 	**Oskar sagt auf Wiedersehen**	Höre die Geschichte von Oskar und schreibe ihm einen Brief.		☐
2 	**a) Wir gehen zur Beerdigung** **b) Die letzte Ruhestätte**	a) Hier kannst du eine Traueranzeige puzzeln b) und ein Memory spielen. (Arten der Bestattung)		☐
3 	**Zwei Blätter am Ast**	Entwirf ein Blatt für den Baum voller Fragen.	Schere, Klebstoff, Buntstifte	☐
4 	**Am Kreuz gestorben und von den Toten wieder auferstanden**	Ordne die Bilder der Geschichte und gestalte ein Kreuz.	Schere, Klebstoff	☐
5 	**Und wie ist es so im Himmel?**	Fülle eine Wolke mit Gedanken und klebe sie an unseren Himmel.	Schere, Klebstoff	☐
6 	**Hurra unsterblich!**	Mixe dir deinen Trank für das ewige Leben.		☐
7 	**Mein Buch der Unsterblichkeit**	Erstelle dein eigenes Buch der Unsterblich-keit!		☐
8 	**Eine Reise mit der Zeit**	Erlebe eine Reise bis ans Ende deines Lebens!	Buntstifte	☐
9 	**Das Spiel mit dem Tod**	Spiele mit einem Partner das *Spiel mit dem Tod.*		☐
10 	**Wir feiern ein Fest für die Toten**	Bastelbogen	Schere, Klebstoff, Buntstifte	☐

Regeln für die Arbeit an Stationen

- Arbeitet in einer kleinen **Gruppe** (3–4 Schülerinnen und Schüler) zusammen.
- Die **Reihenfolge** der Stationen könnt ihr **frei** wählen.
- Ihr seid **ein Team,** achtet also darauf, **miteinander** zu arbeiten: hört einander zu, unterstützt euch gegenseitig, schließt niemanden aus, beleidigt den anderen nicht und versucht, die Aufgabe **gemeinsam** zu lösen.
- **Konzentriert euch,** vertrödelt keine Zeit und arbeitet sorgfältig.
- **Stationen,** die ihr begonnen habt, **beendet** auch bitte, bevor ihr zur nächsten Station wechselt.
- Wenn ihr **Hilfe** braucht, versucht das Problem zuerst innerhalb eurer Gruppe zu lösen, bevor ihr euren Lehrer/eure Lehrerin fragt (Namensschild an die Hilfestation heften!).
- Füllt euren **Laufzettel** aus und macht euch **Notizen** zu den einzelnen Stationen (Notizzettel).
- Bitte verlasst jede **Station** ordentlich und **aufgeräumt.**
- **Nehmt Rücksicht** und arbeitet leise. Ihr dürft miteinander flüstern.

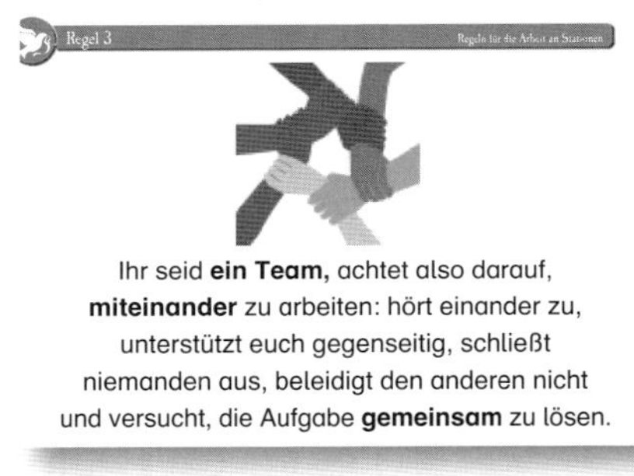

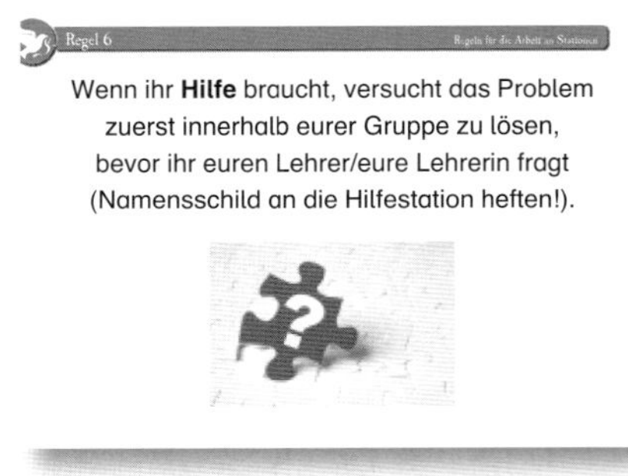

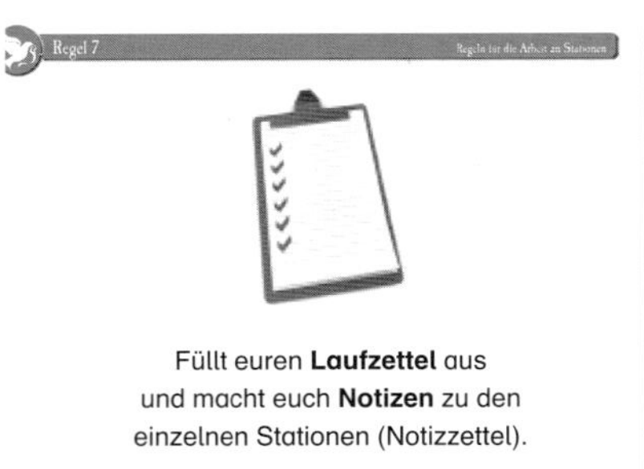

Station 1: Oskar sagt auf Wiedersehen — S. 24

Hinweise
- Der Hörbrief von Oskar, in gekürzter Version, befindet sich auf der beigefügten Audio-CD (Track 1).
- Alle Briefe können auf einem großen Plakat an der Wand gesammelt werden, sodass am Ende alle Schüler in einem Museumsgang die Ergebnisse der Mitschüler lesen können.

Materialien
- Arbeitsmaterial für die Schüler:
  - Arbeitsauftrag
  - Briefvorlage
- Arbeitsmaterial/Station:
  - Brief von Oskar in Textform (3x)
  - CD (Track 1)
  - CD-Player mit Kopfhörern

Quellen
- Schmitt, Erik-Emmanuel: Oskar und die Dame in Rosa. Fischer Taschenbuch Verlag, Frankfurt a.M. 2008
- Hörtext: Schmitt, Erik-Emmanuel: Oskar und die Dame in Rosa
  Gelesen von Peter Kühn

Station 2b: Die letzte Ruhestätte — S. 33

Hinweise
Das Memory sollte in mehrfacher Ausfertigung bereitgestellt werden.

Station 3: Zwei Blätter am Ast — S. 35

Hinweise
An dieser Station beschriften die Schüler einzelne Blätter, die in einen Baum geklebt werden sollen. Wenn der Baum fertig ist, sollten alle Schülerinnen und Schüler die Möglichkeit in einem Museumsgang erhalten, alle anderen Blätter zu lesen, zu überdenken und zu diskutieren.

Materialien
- Arbeitsmaterial für die Schüler:
  - Aufgabenblatt
  - Geschichte (1x)
- Arbeitsmaterial/Station:
  - Baumvorlage (in der Nähe der Station aufhängen)
  - Blätter
  - Schere
  - Klebstoff
  - Farbstifte

Die Lehrperson vergrößert die Baumvorlage und schneidet sie aus. Der obere Teil des Baumes kann in hellgrün gestaltet werden, der Stamm braun. Dieser Baum soll in der Klasse, nach Möglichkeit in unmittelbarer Nähe zu der Station, aufgehängt werden.
Bereits vor Beginn des Stationenverfahrens fertigt die Lehrperson außerdem die Blätter in ausreichender Anzahl an. Dabei richtet sich die Anzahl der Blätter nach der Schüleranzahl. Manche Schüler möchten vielleicht gern zwei oder mehr Blätter beschriften. Bitte denken Sie im Vorfeld daran. Ein kräftiges Grün bietet sich an, da sie sich von dem hellgrünen Baum abheben sollen.
Da die Schüler ihre Blätter in den Baum kleben, muss an der Station Kleber oder Klebeband sowie eine Schere vorhanden sein.
Für die Gestaltung der Blätter bietet es sich an, Farbstifte bereitzustellen.

Station 4: Am Kreuz gestorben und von den Toten wieder auferstanden S. 40

Hinweise

- Zu Aufgabe b):
  Differenzierungsmöglichkeit: Die Schüler können entweder ein dreidimensionales Kreuz selbst gestalten (z. B. siehe Bild der Station) oder die Kopiervorlage als Hilfestellung zur Gestaltung eines Kreuzes nutzen.
- Die Ergebnisse werden auf einem Tisch präsentiert.

Material

- Arbeitsmaterial für die Schüler:
  - Arbeitsauftrag
  - Bildergeschichte
  - Sicherungsarbeitsblatt für die Bildergeschichte
  - Kopiervorlage „Kreuz“
  - Kleber
  - Schere
- Arbeitsmaterial für die Station:
  - Geschichte „Die letzten Tage im Leben Jesu“
  - Lösungsblatt
  - Zur Gestaltung der Kreuze kann folgendes Material verwendet werden:
    - Pfeifenreiniger
    - Farbige Bänder
    - Blätter
    - Gras
    - Holz
    - Blumen
    - Strohhalme
    - Tonpapier
    - Knete

Station 5: Und wie ist es so im Himmel? S. 47

Hinweise

- Bringen Sie ein blaues Plakat (blauer Fotokarton) als „Himmel“ an der Wand an.
- Wenn der Himmel mit allen Wolken bestückt ist, sollten die Schüler in einem Museumsgang die Möglichkeit erhalten, alle anderen Vorstellungen vom Himmel zu lesen, zu überdenken und zu diskutieren.

Material

- Arbeitsmaterial für die Schüler:
  - Kleber
  - Schere
  - Kopiervorlage „Wolke“
- Arbeitsmaterial/Station:
  - Arbeitsauftrag
  - blaues Plakat

Station 6: Hurra, unsterblich! S. 50

Hinweise

- Station beobachten, da mit den Materialien möglicherweise verschwenderisch umgegangen wird.
- „Buch für ein langes Leben“ bereitstellen (z. B. Mappe mit Blättern, Kladde ...). Es kann in verschiedenen Klassen verwendet oder auch nach dem Stationenverfahren weitergeführt werden.
  Die Schüler legen sich eine Mappe, ein Heft oder eine Kladde an, mit der Überschrift „Buch für ein langes Leben“ und schreiben an dieser Station ihre Ideen hinein. Sie sollten das Buch behalten und in den nächsten Jahren ergänzen, ähnlich wie ein Tagebuch, in das Ereignisse eingetragen werden, die schön waren und ihr Leben bereicherten.

Material

- Arbeitsmaterial für die Schüler:
  - Arbeitsauftrag
  - Blatt mit Gedankenblasen
- Arbeitsmaterial/Station:
  - Aufgabenblatt (laminiert)
  - Bild und Text von Jasper zur Unsterblichkeit (laminiert)
  - „Buch für ein langes Leben“
  - Pipette (z. B. aus dem Chemieraum)
  - Glas mit Wasser
  - Brausepulver (Klassensatz)
  - Instant-Zitronensaft
  - Zucker und Löffel
  - Plastikbecher (Klassensatz)
  - Stäbchen zum Verrühren
  - Papiertücher zum Säubern des Arbeitsplatzes

Station 7: Mein Buch der Unsterblichkeit S. 54

Hinweise

- Das Buch sollte vor Beginn der Stationenarbeit einmal selbst von der Lehrperson gebastelt werden, damit den Schülern beim Herstellen geholfen werden kann.

Material

- Arbeitsmaterial für die Schüler:
  - Kopie der Buchvorlage für jeden Schüler
  - Laminierte Vorlage der Anleitung zum Basteln des Buches
  - Gebasteltes Buch als Beispiel
- Arbeitsmaterial/Station:
  - Schere (für jedes Kind, das an der Station arbeitet)
  - Lösung des Lückentextes im „Buch"
  - Kopie des Arbeitsblattes (3x)

Station 8: Eine Reise mit der Zeit S. 58

Hinweise

- Die Fantasiereise „Eine Reise mit der Zeit" befindet sich auf der beigefügten Audio-CD (Track 2).
- Sprechen Sie mit Ihrer Klasse im Vorfeld über Möglichkeiten sich zu entspannen und führen Sie eventuell ein paar Entspannungsübungen durch.
- Sensibilisieren Sie Ihre Schüler dafür, dass es bei dieser Station darum geht, sich auf die Fantasiereise einzulassen.
- Diese Station sollte räumlich bzw. visuell von den anderen Stationen abgegrenzt werden.
- Richten Sie für die Schüler eine Sitzecke ein, in der sie sich wohl fühlen werden und entspannen können. Sie können zum Beispiel Kissen auslegen, eine Matratze bzw. Luftmatratze bereit legen oder einen Sessel positionieren.
- Stellen Sie einen CD- Player bereit, legen Sie die CD mit der Fantasiereise ein und schließen Sie Kopfhörer an.
- Alles sollte so weit vorbereitet sein, dass die Schüler nur noch auf die „Start"-Taste drücken müssen.

Material

- Arbeitsmaterial für die Schüler:
  - Stationenblatt mit den Arbeitsaufträgen
  - Arbeitsblatt „Das passiert mir, nachdem ich das Licht gesehen habe (1)"
  - Arbeitsblatt „Das passiert mir, nachdem ich das Licht gesehen habe (2)"
  - Buntstifte
- Arbeitsmaterial/Station:
  - Stationenblatt
  - CD (Track 2)
  - CD- Player mit Kopfhörern

Station 9: Das Spiel mit dem Tod — S. 64

Hinweise
- Die Vorlage für das Spielbrett befindet sich auf der beigefügten CD.
- Die ausgefüllten Fragebögen sollten genauer betrachtet werden.

Material
- Arbeitsmaterial für die Schüler:
  - Fragebogen
- Arbeitsmaterial/Station:
  - Spielbrett (laminiert) (2x)
  - Arbeitsaufträge (laminiert) (2x)
  - Spielregeln (laminiert) (2x)
  - mehrere Würfel
  - 8 Spielfiguren in 2 verschiedenen Farben für je 2 Schüler

Station 10: Wir feiern ein Fest für die Toten — S. 69

Hinweise
- Die Lehrkraft muss eine ausreichende Anzahl an Kopien bereithalten.

Material
- Arbeitsmaterial für die Schüler:
  - Aufgabenblatt
  - Bastelvorlagen für die Schüler in entsprechender Anzahl
- Arbeitsmaterial/Station:
  - Schere
  - Kleber
  - Farbstifte
  - buntes Bastelpapier
  - Draht
  - Musterbeutelklammern
  - wenn möglich ein Skelett aus dem Biologieraum

Oskar sagt auf Wiedersehen

Station 1

Station 1

Oskar sagt auf Wiedersehen

Oskar sagt auf Wiedersehen

Oskar ist ein kleiner Junge, der sterbenskrank ist. Er schreibt Briefe an Gott und erzählt von seinen Sorgen und Ängsten. In seinen Briefen nimmt er stückchenweise Abschied von seinem Leben auf Erden.

Aufgaben

1. Höre dir Oskars ersten Brief in Ruhe an.

2. a) Wie gehen die Mitmenschen (Ärzte, Krankenschwestern, Bacon) mit Oskar um?

   b) Höre dir den Brief noch einmal an. Du kannst die CD jederzeit anhalten.

3. Schreibe einen Brief an Oskar und tröste ihn.

Name: | Datum:

Oskar sagt auf Wiedersehen

Lieber Gott,

ich heiße Oskar, ich bin zehn Jahre alt, und habe die Katze, den Hund und das Haus angezündet (ich glaube, ich habe sogar die Goldfische gegrillt), und das ist der erste Brief, den ich Dir schicke, weil ich bis jetzt wegen der Schule nicht dazu gekommen bin.
Ich sag's Dir lieber gleich: Ich hasse das Schreiben. Muss mich wirklich dazu zwingen. Weil schreiben wie Lametta ist, Firlefanz, Schmus, Kokolores und so weiter. Schreiben ist nichts anderes als Schwindeln mit Schnörkeln drum herum, Erwachsenenkram.
Der Beweis? Na, nimm den Anfang von meinem Brief: „Ich heiße Oskar, ich bin zehn Jahre alt, und ich habe die Katze, den Hund und das Haus angezündet (ich glaube, ich habe sogar die Goldfische gegrillt), und das ist der erste Brief, den ich Dir schicke, weil ich bis jetzt wegen der Schule nicht dazu gekommen bin." Na ja, genauso gut hätte ich auch schreiben können: „Man nennt mich Eierkopf, ich sehe aus wie sieben, ich bin im Krankenhaus wegen meinem Krebs, und ich habe noch nie mit Dir geredet, weil ich nämlich nicht daran glaube, dass es Dich gibt."
Bloß, wenn ich so was schreibe, reiße ich mich nur selbst rein, dann wirst Du Dich wohl kaum für mich interessieren. Wo ich doch Dein Interesse nötig habe.
Es wäre mir sogar sehr daran gelegen, wenn Du Zeit hättest, mir zwei oder drei Gefallen zu tun.
Ich erklär's Dir.
Das Krankenhaus hier ist echt toll, mit massenhaft lustigen und gut gelaunten Erwachsenen, die laut herumquasseln, voll mit Spielzeug und Damen in rosa Kitteln, die mit den Kindern spielen wollen, mit Kumpels, die immer Zeit haben, so wie Bacon, Einstein oder Popcorn, kurz, das Krankenhaus ist spitze, wenn man ein Kranker ist, der Freude macht.
Ich, ich mach keine Freude mehr. Seit meiner Knochenmarktransplantation merke ich, dass ich keine Freude mehr mache. Wenn mich Doktor Düsseldorf morgens untersucht, tut er es nicht mehr mit ganzem Herzen, ich enttäusche ihn. Er schaut mich ohne was zu sagen an, als ob ich einen Fehler gemacht hätte. Obwohl ich mir bei der Operation jede Menge Mühe gegeben habe. Ich bin super artig gewesen, ich habe die Betäubung über mich ergehen lassen, ohne zu mucksen, die Schmerzen ertragen, ich habe alle Medikamente genommen. An manchen Tagen habe ich Lust, ihn anzubrüllen, ihm zu sagen, dass vielleicht er, der Doktor Düsseldorf mit seinen schwarzen Augenbrauen, die Operation vermasselt hat.
Aber er sieht so unglücklich aus, dass mir die Schimpferei im Hals stecken bleibt. Und

je mehr Doktor Düsseldorf mit traurigen Augen schweigt, desto mehr fühle ich mich schuldig. Ich habe verstanden, dass ich ein schlechter Kranker bin, ein Kranker, der einem den Glauben daran nimmt, dass die Medizin etwas ganz Tolles ist.
Die Gedanken eines Arztes sind ansteckend. Inzwischen schaut mich das ganze Stockwerk, die Krankenschwestern, die Assistenzärzte und die Putzfrauen so an. Sie sind traurig, wenn ich gute Laune habe; sie zwingen sich zum Lachen, wenn ich einen Witz loslasse. Wirklich wahr, so wie früher lacht keiner mehr mit mir. [...]

Die Stimmung wird immer schlechter. Ich habe mit meinem Kumpel Bacon darüber gesprochen. Eigentlich heißt er nicht Bacon, sondern Yves, aber wir haben ihn Bacon getauft, weil das viel besser zu ihm passt, wegen seiner riesigen Brandwunden.
„Bacon, ich habe den Eindruck, dass die Ärzte mich nicht mehr mögen, ich nehme ihnen jeden Mut."
„Was redest du da, Eierkopf. Ärzte geben nie auf. Denen fallen immer neue Operationen ein. Ich hab sie mal zusammengezählt, mir haben sie mindestens sechs versprochen."
„Vielleicht inspirierst du sie?"
„Sieht so aus."
„Aber warum sagen sie mir nicht ganz einfach, dass ich sterben werde?"
Da machte Bacon das, was jeder im Krankenhaus tut: Er stellte sich taub. Wenn man im Krankenhaus „sterben" sagt, hört keiner zu. Man kann darauf wetten, alle schnappen sie nach Luft und wechseln das Thema. [...]

So, lieber Gott. Nun habe ich Dir in meinem ersten Brief ein wenig von meinem Leben hier im Krankenhaus erzählt, wo man mich inzwischen für einen medizinischen Bremsklotz hält, und ich möchte Dich um eine Erklärung bitten: Werde ich wieder gesund? Antworte mit Ja oder Nein. Ist doch nicht zu schwer. Ja oder Nein. Streich einfach die falsche Antwort durch.

Bis morgen, Küsschen,

Oskar

Oskar sagt auf Wiedersehen

Lieber Oskar,

Dein/e

Name: Datum:

a) Wir gehen zur Beerdigung
b) Die letzte Ruhestätte

Station 2

Station 2

a) Wir gehen zur Beerdigung
b) Die letzte Ruhestätte

Wir gehen zur Beerdigung

Wenn ein Mensch stirbt, dann bleiben seine Familie und Freunde zurück. Sie kümmern sich um eine Beerdigung. Jeder Mensch kann selbst entscheiden, wie er beerdigt werden möchte. Oft schreiben die Verwandten eine Traueranzeige, die in einer Tageszeitung erscheint. Sie wollen alle, die den Verstorbenen kannten, zur Trauerfeier einladen, ihm danken oder einfach noch einmal an ihn erinnern.

Aufgaben

1. Eine Traueranzeige besteht aus verschiedenen Teilen, wie z. B. dem Namen des Verstorbenen usw.

2. Suche die einzelnen Bestandteile heraus und schreibe sie in die Puzzleteile.

3. Überlege einen Grund, warum Menschen Traueranzeigen schreiben.

Wir haben eine Traueranzeige aufgegeben, weil …

Name:	Datum:

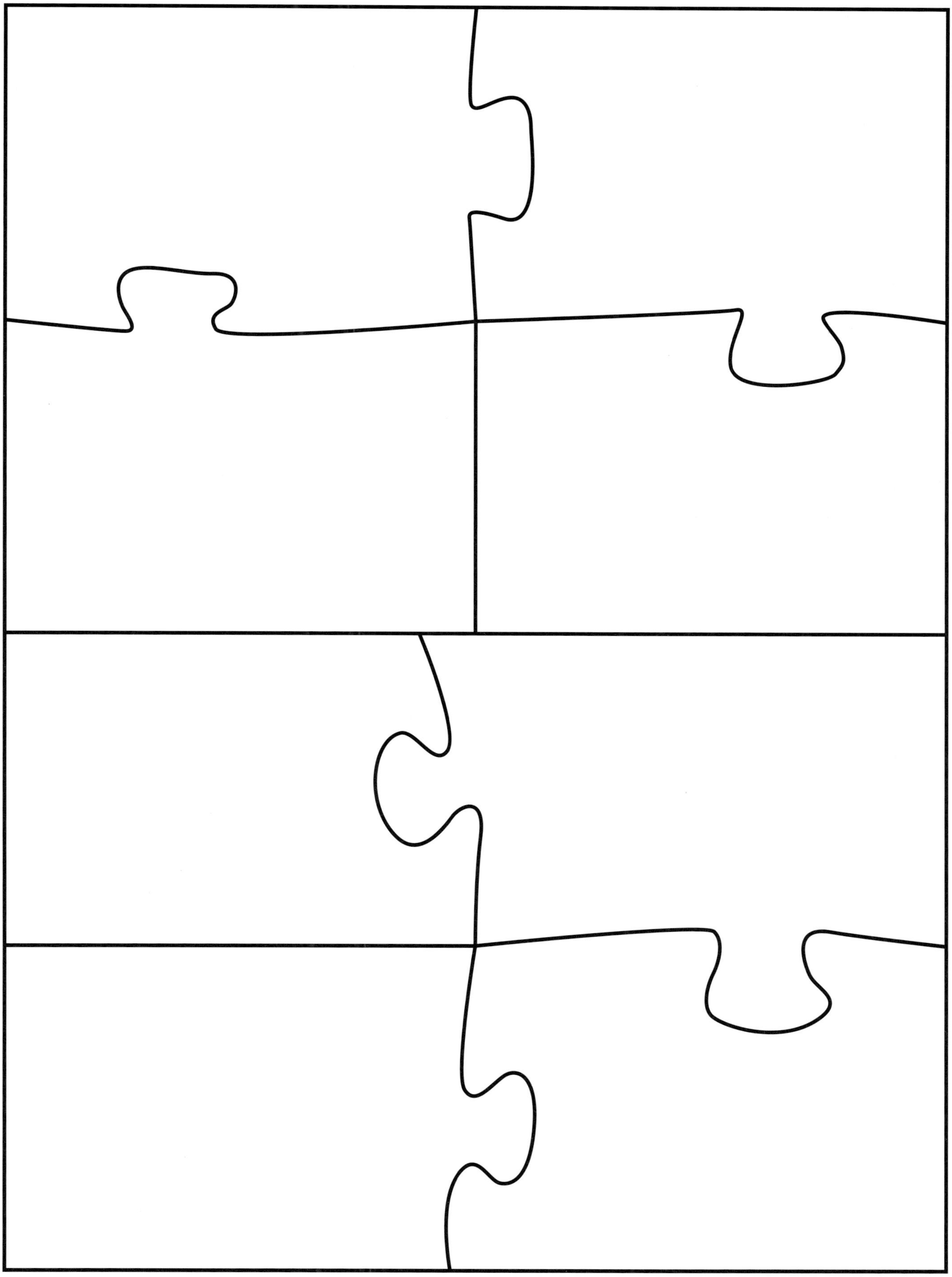

Name: | Datum:

Ich bin gewiss, dass weder Tod noch Leben mag uns scheiden von der Liebe Gottes, die in Christus ist, unserem Herrn.

Röm 8, 38–39

Felix Meyer

⁕ 09.06.1945 † 25.07.2010

Meinen geliebten Mann, unseren guten Vater und Großvater rief Gott heute nach langer schwerer Krankheit für immer zu sich.

In Liebe und Dankbarkeit
nehmen wir Abschied und
sagen auf Wiedersehen
Anneliese Meyer
Gaby und Manfred Meyer
mit Anja, Max und Stefan

Trauerhaus: A. Meyer, 44149 Dortmund, Kleystraße 11

Die Trauerfeier findet am Donnerstag, dem 29.7.2010, um 12.00 Uhr in der Kapelle des evangelischen Friedhofes Wellinghofen statt, anschließend Beisetzung.

Wenn ein Mensch stirbt, bleibt sein Körper bei uns Lebenden. Oft entscheiden die Menschen vor ihrem Tod, wie sie beerdigt/bestattet werden möchten. Es gibt viele Möglichkeiten. Beim Spielen des Memorys lernst du einige kennen.

Aufgaben

Spiele das Memory.

Körperbestattung

(der Leichnam wir in einem Sarg bestattet)

Feuerbestattung

(Verbrennung des Leichnams)

Soldatenfriedhof

Seebestattung

Anonyme Bestattung

Familiengruft

Urnenbestattung

Zwei Blätter am Ast

Station 3

Station 3

Zwei Blätter am Ast

Zwei Blätter am Ast

In der Geschichte „Zwei Blätter am Ast" unterhalten sich zwei Blätter über die Vergänglichkeit des Lebens. Sie stellen verschiedene Fragen und versuchen zu verstehen, was nach dem Tod kommen wird.

Aufgaben

1. Lies dir die Geschichte „Zwei Blätter am Ast" von Felix Salten aufmerksam durch.
   a) Finde alle Fragen der beiden Blätter und unterstreiche sie.
   b) Schaue dir nun die unterstrichenen Fragen genau an.
   Beantworte und begründe sie.

2. Welche Fragen hast du zum Thema „Tod"? Schreibe sie auf die ausliegenden Blätter.
   Klebe sie anschließend in den Baum.

Name:	Datum:

Zwei Blätter am Ast
von Felix Salten

Von der großen Eiche am Wiesenrand fiel das Laub. Es fiel von allen Bäumen. Ein Ast des Baumes stand hoch über den anderen Zweigen und ragte weit hinaus zur Wiese. An seinem äußersten Ende saßen zwei Blätter zusammen.
„Es ist nicht mehr wie früher", sagte das eine Blatt.
„Nein", erwiderte das andere. „Heute Nacht sind wieder so viele von uns davon … wir sind beinahe schon die einzigen hier auf unserem Ast."
„Man weiß nicht, wen es trifft", sagte das erste. „Als es noch warm war und die Sonne noch Hitze gab, kam manchmal ein Sturm oder ein starker Regen, und viele von uns wurden damals schon weggerissen, obgleich sie noch jung waren. Man weiß nicht, wen es trifft."
„Jetzt scheint die Sonne nur selten", seufzte das zweite Blatt, „und wenn sie scheint, gibt sie keine Kraft. Man müsste neue Kräfte haben."
„Ob es wahr ist", meinte das erste, „ob es wohl wahr ist, dass an unserer Stelle andere kommen, wenn wir fort sind, und dann wieder andere und immer wieder …?"
„Es ist sicher wahr", flüsterte das zweite, „man kann es gar nicht ausdenken … es geht über unsere Begriffe …"
„Und man wird auch noch traurig davon", fügte das erste hinzu.
Sie schwiegen eine Zeit. Dann sagte das erste still vor sich hin:
„Warum wir wohl weg müssen …?"
Das zweite fragte: „Was geschieht mit uns, wenn wir abfallen …?"
„Wir sinken hinunter …"
„Was ist da unten?"
Das erste antwortete: „Ich weiß es nicht. Der eine sagt das, der andere dies … aber niemand weiß es."
Das zweite fragte: „Ob man noch etwas fühlt, ob man noch etwas von sich weiß, wenn man dort unten ist?"
Das erste erwiderte: „Wer kann das sagen? Es ist noch keines von denen, die hinunter sind, jemals zurückgekommen, um davon zu erzählen."
Wieder schwiegen sie. Dann redete das erste Blatt zärtlich zum anderen: „Sorge dich nicht zu sehr, du zitterst ja."
„Lass nur", antwortete das zweite, „ich zittere jetzt so leicht. Man fühlt sich eben nicht mehr so fest an seiner Stelle."
„Wir wollen nicht mehr von solchen Dingen sprechen", sagte das erste Blatt.
Nun schwiegen sie beide. Die Stunden vergingen. Ein nasser Wind strich kalt und feindselig durch die Baumwipfel.
„Ach … jetzt …", sagte das zweite Blatt, „… ich …" Da brach ihm die Stimme. Es wurde sanft von seinem Platz gelöst und schwebte zum Boden. – Nun war es Winter.

Am Kreuz gestorben und von den Toten wieder auferstanden

Station 4

Station 4

Am Kreuz gestorben und von den Toten wieder auferstanden

Am Kreuz gestorben und von den Toten wieder auferstanden

Aufgaben

1. Die letzten Tage im Leben Jesu
   a) Lies die Geschichte.
   b) Nummeriere die Bilder zu den letzten Tagen Jesu.
   c) Vergleiche deine Nummerierung mit der Lösung.
   d) Schneide die Bilder aus und klebe sie in richtiger Reihenfolge auf.
   e) Gib den einzelnen Bildern Überschriften.

2. Das Kreuz

   a) Welche Gedanken hast du, wenn du ein Kreuz siehst?

   ____

   ____

   ____

   ____

   ____

   b) Gestalte ein Kreuz nach deinen Vorstellungen.
   Nutze die Materialien für ein eigenes Kreuz oder das vorgegebene Kreuz als Arbeitsgrundlage.

Name:	Datum:

Die letzten Tage im Leben Jesu

Jesus reitet auf einem Esel nach Jerusalem, wo ihn die Leute freudig empfangen. Sie denken: „Ist das vielleicht unser König?“ Dann legen sie ihre Mäntel auf den Weg und reißen Zweige von den Bäumen. „Gott hat ihn geschickt!“, rufen die Menschen.
Am Abend feiert Jesus mit seinen Jüngern das Abendmahl. Sie bereiten alles vor, auch Brot und Wein stehen auf dem Tisch. Am Tisch nimmt Jesus das Brot und sagt: „Nehmt und esst. Das ist mein Leib, ich gebe ihn für euch alle.“ Dann nimmt Jesus den Becher mit Wein und sagt: „Trinkt alle daraus. Das ist mein Blut. Ich vergieße es für euch alle. Gott vergibt euch all eure Schuld.“
Während sie essen, sagt Jesus plötzlich: „Einer von euch wird mich verraten!“ Die Jünger sind entsetzt, denn sie können sich nicht vorstellen, wer so etwas Böses tun würde.
Judas verlässt das Mahl früher als die anderen und geht zu den Priestern. Er verrät ihnen, wo sie Jesus finden können. Sie wollen Jesus gefangen nehmen.
Jesus und die Jünger gehen zum Ölberg in den Garten Getsemane. Dort wollen sie übernachten. Während alle schlafen, kommen plötzlich Judas und einige Soldaten. Judas küsst Jesus. Das ist das Zeichen, das den Soldaten zeigen soll, wer Jesus ist. Sie nehmen Jesus gefangen.
Am nächsten Tag wird Jesus zum Tode am Kreuz verurteilt. Die Soldaten führen ihn ab. Jesus muss sein Kreuz selbst tragen. Die Soldaten nageln Jesus ans Kreuz. Alle Jünger haben ihn verlassen. Nur seine Mutter Maria ist da und einer von den Jüngern, Johannes.
Nachdem Jesus am Kreuz gestorben ist, nehmen Freunde ihn vom Kreuz und legen ihn in eine Höhle. Diese Höhle soll sein Grab sein. Die Männer rollen einen großen runden Stein vor die Höhle. Als die Frauen zum Grab kommen, um Jesus zu salben, ist es offen und Jesus ist nicht mehr da. Ein Engel sagt zu den Frauen: „Was sucht ihr den Lebenden bei den Toten? Er ist auferstanden vom Tod! Sagt es seinen Jüngern.“

Die letzten Tage im Leben Jesu

1

Name:	Datum:

Die letzten Tage im Leben Jesu

Bild einkleben

Bild einkleben

Bild einkleben

Bild einkleben

Bild einkleben

Bild einkleben

Name: | Datum:

Die letzten Tage im Leben Jesu – Lösungsblatt

①

②

③

④

⑤

⑥

Am Kreuz gestorben und von den Toten wieder auferstanden

Und wie ist es so im Himmel?

Station 5

Station 5

Und wie ist es so im Himmel?

Und wie ist es so im Himmel?

Aufgaben

1. Schreibe auf eine Wolke, wie du dir den Himmel vorstellst.

2. Schneide die Wolke aus.

3. Klebe die Wolke auf das blaue Plakat.

Name:	Datum:

Hurra, unsterblich!

Station 6

Station 6

Hurra, unsterblich!

Willkommen im Labor der Unsterblichkeit!
Hier kannst du dir einen Unsterblichkeitstrank mischen.

Aufgaben

1. Du darfst dir mithilfe dieser Zutaten einen eigenen Wundertrank zubereiten.

Achtung:
Jeder Schüler möchte etwas von den Zutaten abbekommen, also sei sparsam und sorgfältig!

Wenn du den Trank getrunken hast, solltest du dich fit fühlen!

2 Sprecht in eurer Gruppe über Tipps für ein gesundes und glückliches Leben und tragt dann eure Ideen in euer persönliches „**Buch für ein langes Leben**“ ein.

3. Schau dir das Blatt mit dem Ausspruch von Karl Jaspers an. Was denkst du über Unsterblichkeit? Schreibe deine Gedanken oder deine Meinung in die Gedankenblasen.

Tipp: Du kannst auch zu den Kommentaren deiner Mitschüler etwas schreiben.

Name:	Datum:

不朽
Wir sind sterblich, wo wir lieblos sind;
unsterblich, wo wir lieben.
(Karl Jaspers)

Wenn ich unsterblich wäre, würde ich ...

Wenn ich unsterblich wäre, würde ich ...

Wenn ich unsterblich wäre, würde ich ...

Wenn ich unsterblich wäre, würde ich ...

Wenn ich unsterblich wäre, würde ich ...

Wenn ich unsterblich wäre, würde ich ...

Name:	Datum:

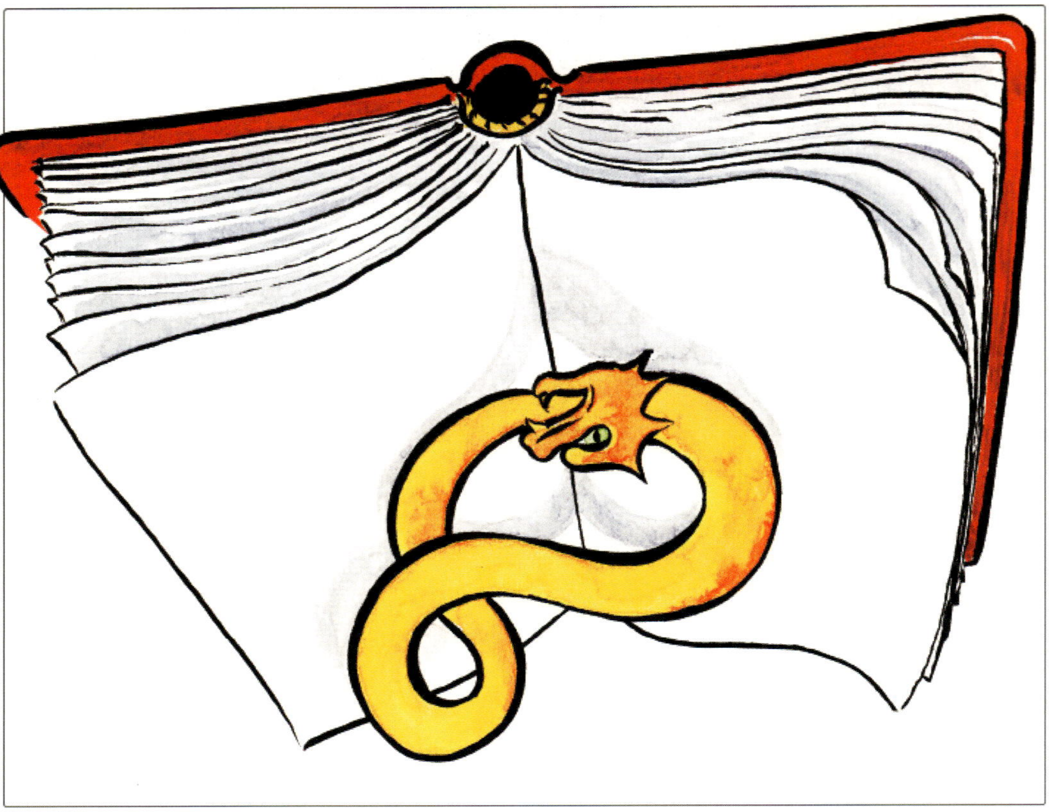

Mein Buch der Unsterblichkeit

Station 7

Station 7

Mein Buch der Unsterblichkeit

Mein Buch der Unsterblichkeit

Jeder Mensch muss einmal sterben, doch in den Gedanken anderer kann man weiterleben. Es gibt Menschen, die zu Lebzeiten Dinge getan haben, die das Leben anderer Menschen verändert und bereichert haben.
Hier sind drei dieser Menschen, die in den Gedanken anderer weiterleben.

1. Lies die Texte/Kurzbiografien in Ruhe durch.

Marylin Monroe wurde 1926 in den USA geboren. Sie war ein sehr berühmtes Fotomodell, eine bekannte Schauspielerin und Sängerin. Mit ihren Filmen hat sie vielen Menschen Freude gemacht, sie zum Nachdenken angeregt und zum Lachen gebracht. Sie starb 1962.

Mahatma Gandhi lebte von 1869 bis 1948. Er war Inder und kämpfte gewaltlos gegen die Diskriminierung der Farbigen und für ein friedliches Leben. Durch sein Konzept für einen gewaltfreien Widerstand bewegte er viele Menschen zum Nachdenken. Er bekam sogar den Friedensnobelpreis.

Martin Luther wurde im Jahr 1483 geboren. Er war ein Mönch und fand, dass die katholische Kirche den Menschen mit dem Reden von der Hölle Angst einjagt und nur ihr Geld haben wollte. Dagegen schrieb er 95 Anklagepunkte. Er war der Gründer der evangelischen Kirche. Martin Luther übersetzte auch die Bibel ins Deutsche, sodass jeder sie lesen konnte. Er starb 1546.

2. Bastel dein „Buch der Unsterblichkeit“ nach der Anleitung.

3. Fülle die Lücken in dem „Buch“ mithilfe der Texte aus.

4. Du kannst dein Buch nun auch noch farbig gestalten.

Name:	Datum:

Faltanleitung für Minibooks

Schritt 1
Lege das ausgedruckte Blatt Papier vor dir auf den Tisch.

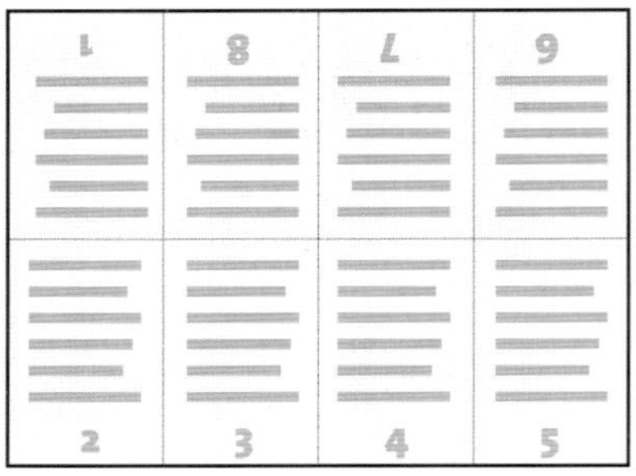

Schritt 2
Das Blatt wird einmal längs gefaltet und wieder aufgeklappt.

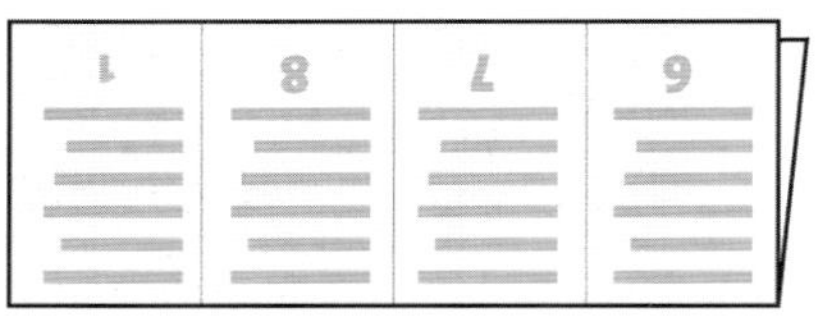

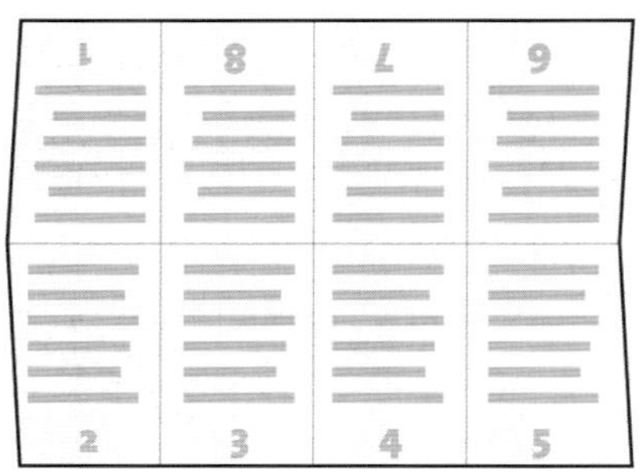

Schritt 3
Das Blatt wird einmal quer gefaltet und wieder aufgeklappt.

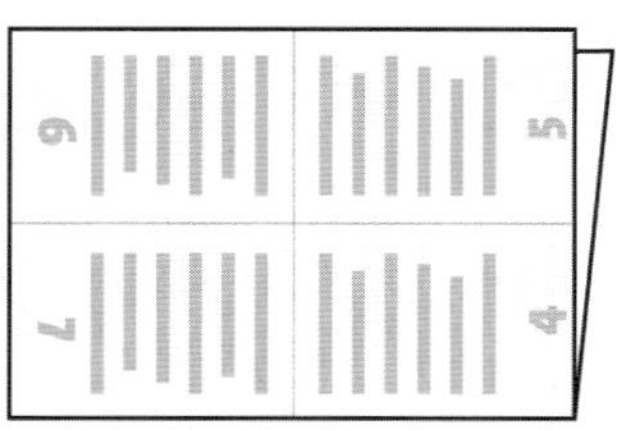

Schritt 4
Das Blatt wird zum «Zick-Zack-Dach» gefaltet, und danach wieder auf A5 aufgeklappt.

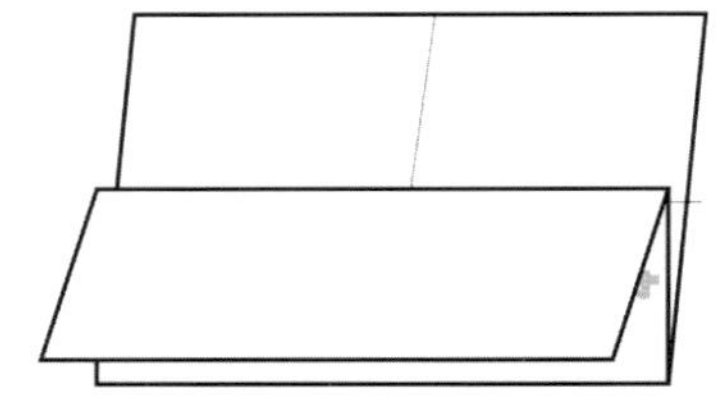

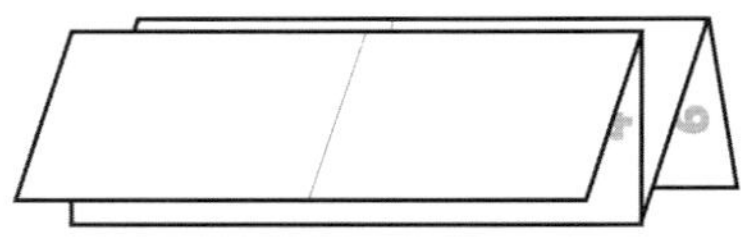

Schritt 5
Das Blatt wird von der geschlossenen Seite her entlang der Faltlinie bis zur Querfaltung eingeschnitten.

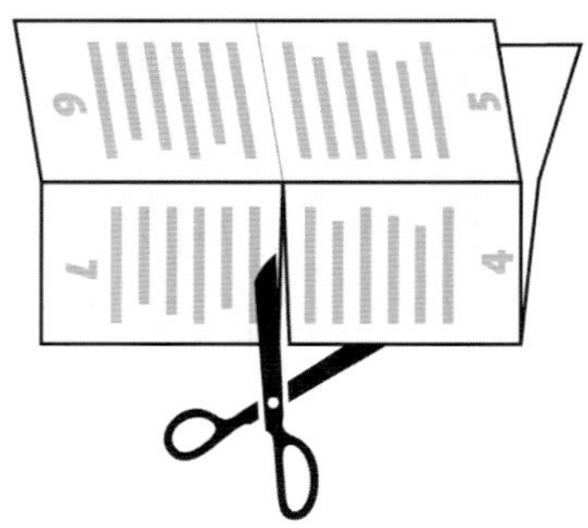

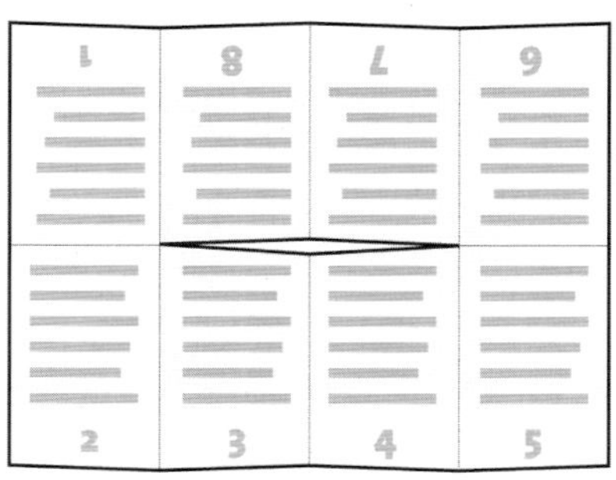

Schritt 6
Das Blatt wird nun vollständig wieder aufgeklappt und wieder in der Länge gefaltet. Danach wird das Blatt zum Stern gefaltet.

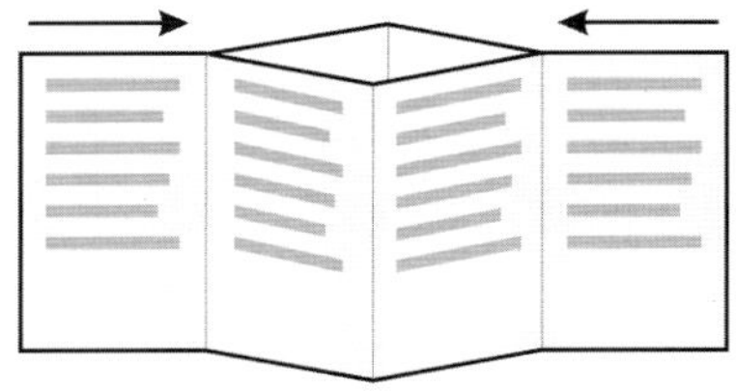

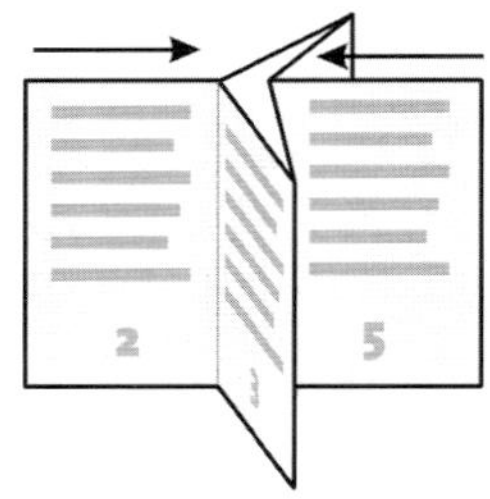

Schritt 7
Das Blatt wird nun zur endgültigen Form und damit zum Buch gefaltet.

Mahatma Gandhi

Er hat von ________ bis ________

gelebt.

Er war dafür berühmt, dass er

________________________________.

Er ist auch heute noch vielen Menschen

in Erinnerung geblieben, weil er

____

____

____

Martin Luther

Er hat von ________ bis ________

gelebt.

Er war dafür berühmt, dass er

________________________________.

Er ist auch heute noch vielen Menschen

in Erinnerung geblieben, weil er

____

____

____

Mein Buch der Unsterblichkeit

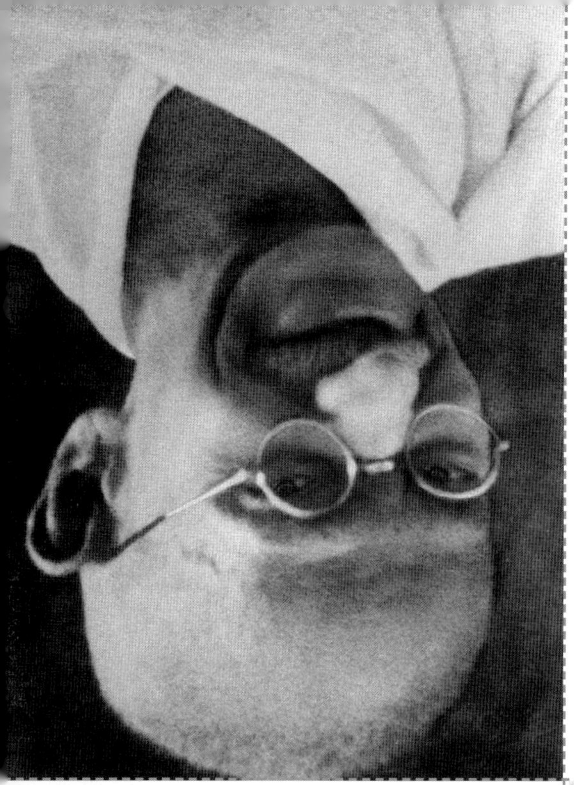

Marylin Monroe

Sie hat von ________ bis ________

gelebt.

Sie war eine berühmte

________________________________.

Sie ist auch heute noch vielen Menschen

in Erinnerung geblieben, weil sie

____

____

____

____

Das kann ich tun, damit ich meiner Familie und meinen Freunden immer in Erinnerung bleibe.

____

____

____

____

____

____

____

____

Eine Reise mit der Zeit

Station 8

Station 8

Eine Reise mit der Zeit

Eine Reise mit der Zeit

Das Leben jedes Menschen auf der Erde ist zeitlich begrenzt. Man wird in die Welt hineingeboren, erlebt die Kindheit und das Erwachsensein und wird schließlich älter. Irgendwann muss dann jeder Mensch diese Welt wieder verlassen.

Aufgaben

1. Höre dir eine Geschichte an.
   a) Setze dich bequem hin.
   b) Atme ruhig. Entspanne dich.
   c) Setze die Kopfhörer auf. Schließe die Augen. Höre der Stimme zu.

Lies die nächsten Aufgaben erst dann, wenn deine Reise beendet ist.

2. Schreibe die vier Lebensalter des Menschen auf, von denen du auf deiner Reise gehört hast.

① ______________________________

② ______________________________

③ ______________________________

④ ______________________________

3. Der letzte Satz deiner Reise lautet: „Du siehst ein Licht“.
   Was passiert mit dir, nachdem du das Licht gesehen hast?
   a) Schreibe deine Gedanken auf das Arbeitsblatt …
   b) oder male ein Bild dazu.

Name:	Datum:

Eine Reise mit der Zeit

Du siehst ein Licht. Gerade eben war es noch völlig dunkel, doch jetzt siehst du ein kleines Licht. Es scheint weit weg zu sein. Doch du bemerkst, dass es langsam größer wird. Ganz langsam. Und nicht nur das. Es kommt auch näher. Es wird größer und kommt langsam näher. Die Dunkelheit verschwindet allmählich. Dann, plötzlich, hast du das Gefühl zu fallen. Eben noch hast du ruhig gelegen, aber jetzt verlierst du den Halt und fällst. Du fällst in das immer größer werdende Licht hinein. Heller und immer heller wird es, bis schließlich die Dunkelheit völlig verschwunden ist. Dann wirst du aufgefangen. Zwei Hände halten dich. Du bist geboren worden. Dein Leben auf dieser Welt beginnt.

Du siehst deine Kindheit, siehst wie du langsam wächst und die ersten Freunde findest. Auch in die Schule gehst du schon. Gerade bist du in die Grundschule gekommen. Du kannst bereits ein bisschen Rechnen und Schreiben. Aber am liebsten bist du jetzt, in deiner Kindheit, mit deinen Freunden draußen unterwegs. Die ganze Welt ist für dich wie ein Spielplatz. Fast überall findest du einen Ort, an dem du herumtoben kannst. Du läufst mit deinen Freunden über eine große Wiese. Ihr spielt „Fangen". Es macht sehr viel Spaß! Dein Körper ist voller Kraft und Energie. Du könntest den ganzen Tag so herumlaufen und spielen!

Die Zeit vergeht schnell und du wächst weiter. Du bist nun im Alter eines Jugendlichen und gehst in die achte Klasse. Dein Körper hat sich ein wenig verändert und er wird es auch weiter tun, denn du bist in der Pubertät und wirst langsam erwachsen. Auch jetzt gehst du noch gerne mit deinen Freunden raus, aber ihr spielt nicht mehr so viel wie früher. Lieber gehst du mit ihnen gemeinsam in die Stadt, um einzukaufen. Kleidung interessiert dich gerade sehr, denn du möchtest gut aussehen. Das ist dir wichtig, weil du seit einiger Zeit zum ersten Mal verliebt bist. Das ist so richtig aufregend!

Wieder vergeht die Zeit. Du bist jetzt im Erwachsenenalter und ruhiger geworden. Nach der Schule hast du eine Ausbildung gemacht und jetzt gehst du arbeiten. Die Arbeit macht dir Spaß. Du hast nicht mehr so viel Freizeit wie in deiner Kindheit und Jugend, aber das macht dir nichts. Du hast jetzt eben einen geregelten Tagesablauf. Um 8 Uhr morgens beginnst du mit der Arbeit und um 16 Uhr kommst du nach Hause. Darauf freust du dich immer sehr, denn du hast inzwischen geheiratet und zwei Kinder bekommen.

Sie warten immer ganz ungeduldig auf dich. Gemeinsam mit deiner Familie verbringst du den restlichen Tag. Das Familienleben ist schön und du siehst deine eigenen Kinder aufwachsen. Wie die Jahre verstreichen! Du hast das Gefühl, gerade eben selbst noch ein Kind gewesen zu sein!

Dann vergeht die Zeit langsamer. Du bist inzwischen ins Alter gekommen. Du arbeitest nicht mehr, denn du bist in den Ruhestand gegangen. Dein Leben verläuft recht still und die Tage ähneln sich. Du unternimmst weniger, weil du körperlich nicht mehr so fit bist wie früher. Du genießt die Ruhe. Besonders freust du dich auf die Sonntage. Dann kommen deine Kinder und Enkelkinder vorbei, mit denen du den Nachmittag verbringst. Ihr esst Kuchen, geht spazieren und deine Enkelkinder spielen im Garten.

Einige Menschen, die du kanntest, Freunde und Familienangehörige, sind schon gestorben. Manchmal bist du darüber sehr traurig. Oft gehst du am Morgen auf den Friedhof und besuchst die Verstorbenen. Du hast so ein wenig das Gefühl, bei ihnen sein zu können. Wenn du einmal allzu traurig bist, dann tröstet dich deine Familie. Bei ihr geht es dir sehr gut. Nun, wo du alt bist, denkst du viel nach. Was passiert wohl mit dir, wenn du selbst einmal tot bist? Du merkst jetzt, wie kostbar das Leben ist. Im Alter freut man sich über viele kleine Dinge!

Kurze Zeit später merkst du, dass du ganz müde bist. Dein Körper ist erschöpft und du möchtest dich hinlegen und etwas entspannen. Auf einmal wirst du ganz ruhig. Um dich herum ist alles friedlich. Du weißt plötzlich, dass es Zeit ist, sich zu verabschieden, denn du weißt, dass du gehen musst. Du bist sehr müde. Deine Familie kommt zu dir an das Bett. Alle sind sehr traurig, doch du kannst sie trösten, weil du weißt, dass das, was dich erwartet, nicht schlimm sein wird. Du hast keine Angst. Langsam schließt du die Augen. Du verlässt diese Welt. Alles wird dunkel. Es ist still. Dann, plötzlich, siehst du ein Licht …

Eine Reise mit der Zeit

Das passiert mir, nachdem ich das Licht gesehen habe (1):

Name: | Datum:

Das passiert mir, nachdem ich das Licht gesehen habe (2)

Name: | Datum:

Das Spiel mit dem Tod

Station 9

Station 9

Das Spiel mit dem Tod

Hier kannst du dem Tod einmal im Spiel begegnen.

Dazu brauchst du:

- ✓ 4 Figuren in einer Farbe
- ✓ 4 Figuren in einer anderen Farbe
- ✓ 1 Würfel
- ✓ 1 Spielbrett

Aufgaben

1. Schaue dir das Spielfeld an.
2. Lies die Spielregeln aufmerksam durch.
3. Spiel das Spiel mit deinem Spielpartner.
4. Beantworte die Fragen auf dem Fragebogen.
5. Vergleiche deine Antworten mit deinem Spielpartner und markiere die gefundenen Gemeinsamkeiten.

Das Spiel mit dem Tod

Spielregeln

1. Es beginnt der jüngste Spieler.
2. Ziel des Spiels ist es, möglichst viele deiner  in dein  zu bringen.
3. Du darfst nur mit einer  starten und höchsten  x würfeln.

   Nach einer  darfst du erneut würfeln. Bei einer weiteren  darfst du dich entscheiden, ob du eine neue  nimmst oder ob du mit einer anderen  weiterrückst.
4. Je nach  nzahl des Würfels, darf deine  vorrücken.
5. Wenn du auf ein schwarzes Feld kommst, stirbst du und deine  muss direkt auf den  gehen.
6. Kommst du auf ein Feld, auf dem bereits eine  steht, oder überspringst du beim Weiterrücken eine , dann tötest du sie und sie muss auf den .
7. Kommst du unbeschadet zu deinem , kann dir nichts mehr passieren.
8. Das Spiel ist beendet, wenn keine  mehr im Spiel ist.
9.  ist der Spieler, der die meisten  im  hat, oder dessen  am längsten überlebt hat.

Das Spiel mit dem Tod

Fragebogen

1. Wie hast du dich gefühlt als du das Spiel gespielt hast?

____

____

____

2. Wie hat dir das Spiel gefallen? Begründe deine Antwort.

____

____

____

3. Was ist deiner Meinung nach das Wichtigste in diesem Spiel?
Kreuze mindestens ein Kästchen an.

- ☐ Jemanden töten.
- ☐ Nicht auf die schwarzen Felder kommen.
- ☐ Den anderen rausschmeißen.
- ☐ Gewinnen.
- ☐ Mit anderen spielen.
- ☐ ______________________________

4. Spielst du lieber Spiele, in denen jemand getötet wird oder lieber andere Spiele?

____

____

____

5. Kennst du andere Spiele, in denen du als Figur stirbst oder du andere tötest? Nenne diese.

____

____

____

6. Hast du schon einmal ein Spiel, in dem du andere tötest, auf dem Computer gespielt?
Wenn ja, nenne dieses:

____

Name:	Datum:

Wir feiern ein Fest für die Toten

Station 10

Station 10

Wir feiern ein Fest für die Toten

Wir feiern ein Fest für die Toten

Zuckerfiguren zum „Tag des Todes" in Mexiko

In Mexiko feiern die Menschen für ihre verstorbenen Angehörigen ein Fest. Ein Jahr nach dem Tod bauen sie in einem Raum einen großen Gedenktisch auf. Dieser wird mit Girlanden, Blumen, Skeletten aus buntem Papier und Bildern geschmückt. Es werden auch Lieblingsspeisen und Lieblingsgetränke des Toten dazugestellt.
Die Angehörigen freuen sich über die Zeit, die sie mit dem Verstorbenen verbringen durften und feiern deswegen dieses Fest.

Aufgabe

Wie in Mexiko wollen wir ein Fest für die Toten feiern.
Damit es ein buntes Fest wird, bastelt jeder von euch ein Schmuckstück für den Gedenktisch.

Einige Bastelvorlagen liegen bereit.
Jeder darf auch etwas anderes zu diesem Totenfest basteln/gestalten.

Eine Bastelanleitung für Papierblumen

1. Nimm eines der Rechtecke.
2. Falte das Rechteck in der Mitte.
3. Öffne das Rechteck und falte die linke Ecke zur Mitte.
4. Falte alle Ecken zur Mitte.
5. Falte den unteren Rand zur Mitte hin.
6. Falte den oberen Rand auch zur Mitte hin.
7. Klappe die untere Hälfte auf die obere Hälfte.
8. Wiederhole das Ganze mit drei weiteren Rechtecken und lege sie dann alle übereinander, wie du es auf dem Bild siehst.
9. Biege den Draht zu einer Schlaufe und ziehe die gefalteten Rechtecke hindurch.
10. Drehe den Draht mehrmals fest zusammen.
11. Öffne das erste Blütenblatt.
12. Öffne nacheinander alle anderen Blütenblätter.

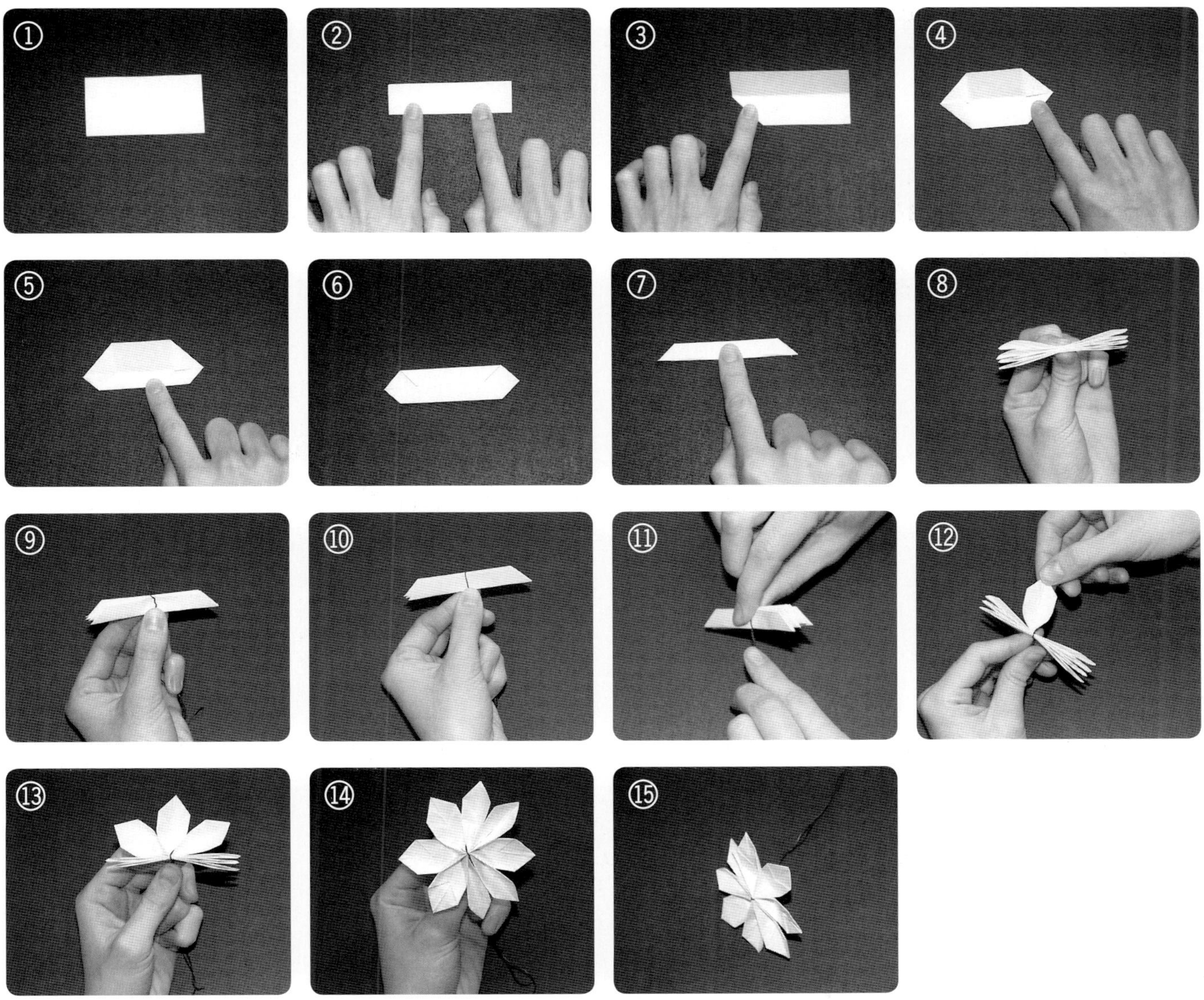

Eine Bastelanleitung für eine Engelsgirlande

1. Falte ein Din-A4-Blatt im Querformat einmal in der Mitte.
2. Falte es noch einmal wie eine Ziehharmonika, sodass vier gleiche Teile entstehen.
3. Zeichne nach der Vorlage einen halben Engel so auf das gefaltete Blatt Papier, dass die Kniffkante gerade durch den Engel verläuft.
4. Schneide die Konturen aus.
5. Es entsteht eine Mini-Girlande mit 2 Engeln. Zwei weitere Engel hast du einzeln, die du ebenfalls aufhängen kannst.
6. Wenn du die einzelnen Engelspaare aneinanderklebst, kannst du eine beliebig lange Girlande basteln.

Eine Bastelanleitung für eine Skelettgirlande

1. Falte ein Din-A5-Blatt (1/2 Din-A4-Blatt) im Querformat wie eine Ziehharmonika in drei gleiche Teile.
2. Übertrage die Skelettvorlage auf das gefaltete Papier. Wichtig dabei ist, dass die Hände genau an die Kanten stoßen.
3. Schneide die Konturen mit einer spitzen Schere vorsichtig aus.
4. Es entstehen drei Skelette und du musst nur noch die Umrisse mit einem dicken schwarzen Stift nachziehen.
5. Anschließend könnt ihr mehrere dieser Skelette zu einer langen Girlande zusammenkleben.

Eine Bastelanleitung für einen Raupenschmetterling

„Was für die Raupe das Ende der Welt ist,
ist für den Schmetterling der Anfang.“
(Laotse)

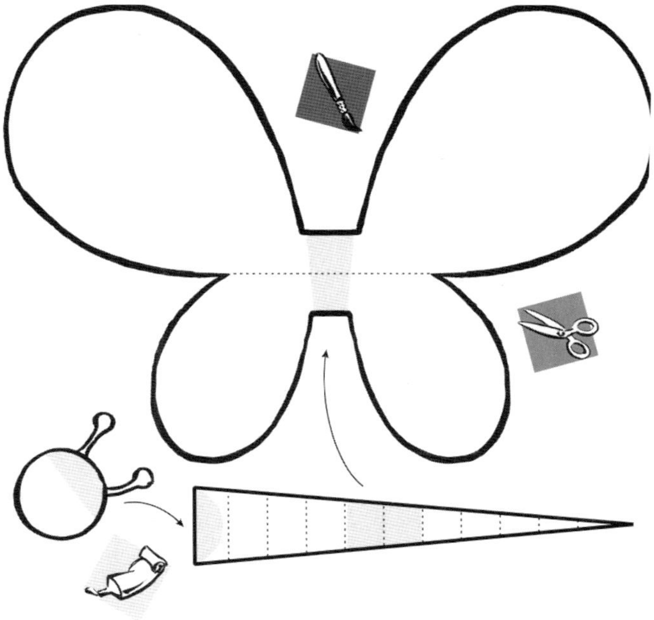

1. Zeichne einen Schmetterling so, dass du zuerst nur die Flügel gestaltest, dann einen kreisrunden Kopf mit Fühlern und schließlich ein langgezogenes Dreieck.
2. Schneide die einzelnen Teile sorgfältig aus.
3. Bemale sie mit Buntstiften.
4. Falte das lange Dreieck wie eine Ziehharmonika – das ist zunächst der Körper der Raupe.
5. Klebe den Kopf an den Raupenkörper.
6. Danach klebe den Raupenkörper in die Mitte zwischen die Schmetterlingsflügel.

Eine Bastelanleitung für einen Skeletthampelmann

1. Klebe die Vorlage fürs Skelett auf ein entsprechend großes Stück Fotokarton.
2. Schneide die einzelnen Teile des Skeletts sorgfältig mit einer spitzen Schere aus.
3. Durchsteche die markierten Punkte vorsichtig mit einer dicken Nadel oder einer spitzen Schere.
4. Verbinde alle Teile mit Heftklammern locker zum fertigen Skelett.
5. Damit der Hampelmann sich auch bewegen kann, musst du auf der Rückseite deines Skeletts noch vier weitere Stellen vorsichtig mit der Nadel durchstechen:
   - jeweils ein kleines Loch neben den beiden „Schultergelenken“,
   - jeweils ein kleines Loch neben den beiden „Hüftgelenken“.

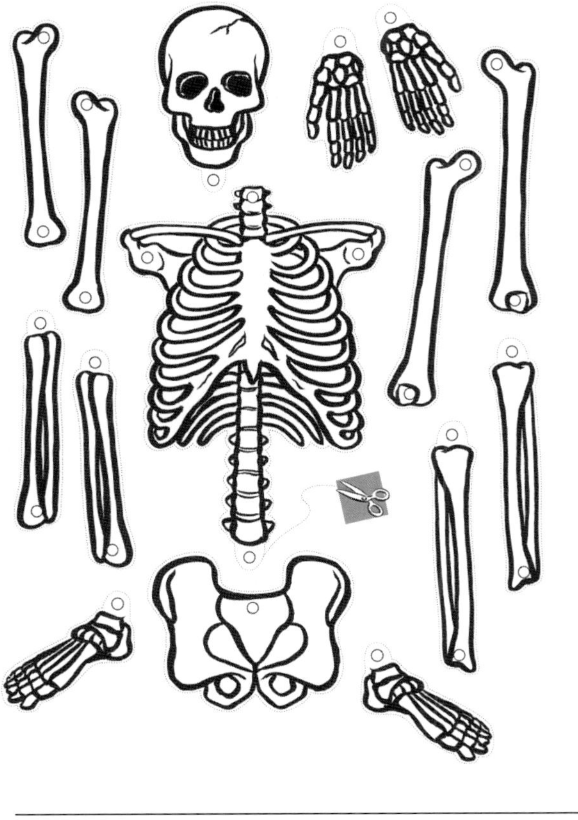

6. Jetzt verbindest du das rechte und das linke Gelenk der Schulter bzw. der Hüfte mit einem entsprechend langen Band, das du durch die Löcher ziehst und dann verknotest. Jetzt hast du zwei Querverbindungen.
7. Für das Zugband deines Hampelmannes knote ein drittes langes Band mit dem oberen Ende in die Mitte des oberen Querbandes. Danach verknotest du dieses etwas weiter unten (möglichst senkrecht) mit der zweiten Querverbindung zwischen den beiden Oberschenkeln.
8. Wenn du jetzt an dem langen Band ziehst, beginnt das Skelett zu hampeln.
9. Zum Schluss kannst du noch eine kleine Schlaufe ans Ende des Zugbandes knoten.

Notizzettel

Ich hatte Probleme an der Station ______ und zwar

Die Station ______ hat mir besonders gut gefallen, weil …

An der Station ______ habe ich viel gelernt über

Station ______ hat mir gar nicht gefallen, weil

Fragebogen zur Arbeit an den Stationen

	ja	nein	Anmerkungen/Fragen/ Verbesserungsvorschläge
Die Arbeit an den Stationen hat mir gefallen.			
Die Stationen waren abwechslungsreich.			
Wir haben über das Sterben und den Tod miteinander gesprochen.			
Ich finde es wichtig, dass wir uns mit diesem Thema beschäftigen, denn der Tod gehört zum Leben.			
Ich habe mir viele Gedanken gemacht, was wohl nach dem Tod mit uns passiert.			
Ich möchte noch wissen, was die anderen Religionen über ein Leben nach dem Tod aussagen.			
Der Museumsgang hat mir gefallen, weil ich die Ergebnisse der Mitschüler mit meinen vergleichen konnte.			

Textquellen

Seite 26	Gesprochener Text auf CD und abgedruckter Text aus: Eric-Emmanuel Schmitt. Oskar und die Dame in Rosa © 2003 by Amman Verlag & Co. Zürich. Mit freundlicher Genehmigung des Amman Verlag, Zürich
Seite 37	Felix Saltan: Zwei Blätter im Sturm Zu finden u. a. : http://vs-material.wegerer.at
Seite 42	Die letzten Tage im Leben Jesu. Text von Hellmut Haug aus: Bibelbilderbuch Bd. 5, Deutsche Bibelgesellschaft, Stuttgart
Seite 56	Minibooks Abdruck mit freundlicher Genehmigung der Pädagogischen Hochschule FHNW I Projekt www.minibooks.ch

Bildnachweis

Seite 33	Körperbestattung © Jan Woowra, Frankfurt – Fotolia.com Feuerbestattung © Delphimages – Fotolia.com Soldatenfriedhof © Turbowerner – Fotolia.com
Seite 34	Seebestattung © gk. Lizenz: CC-by-sa-Bild I http://de.wikipedia.org/wiki/Datei:Seeurne.jpg Anonyme Bestattung © Andrzej Włodarczyk – Fotolia.com Familiengruft © Anne Kitzman – Fotolia.com Urnenbestattung © Margo Harrison – Fotolia.com
Seite 55/57	Marylin Monroe © akg-images Mahatma Gandhi I http://de.wikipedia.org/wiki/Datei:Portrait_Gandhi.jpg Martin Luther © akg-images
Seite 70	Zuckerfiguren © Tomás Castelazo. Lizenz: CC-by-sa-Bild I http://de.wikipedia.org/wiki/Datei:Alfe%C3%B1iques_3.jpg
Seite 71	Die Autorin
Auf CD/Regeln	Hands and puzzle © Nikolai Sorokin – Fotolia.com Numbers © jaddingt – Fotolia.com Main humaine © grinfen – Fotolia.com Sablier-Temps-Durée © DX – Fotolia.com Erledigt © Popsy – Fotolia.com Fragezeichen © Nerlich Images – Fotolia.com Tasklist clipboard © Maxim_Kazmin – Fotolia.com Material für die Schule © Marina Lohrbach – Fotolia.com

Eingesprochene Hörtexte

Station 1: „Lieber Gott“ aus: Oskar und die Dame in Rosa
Station 8: Eine Reise mit der Zeit

Alle 10 Stationen vollständig in Farbe

Laufzettel für die Schüler
Regeln für das Lernen an Stationen
- Übersicht
- Jede Regel einzeln

Notizzettel
Fragebogen
Bastelanleitungen

Notizen

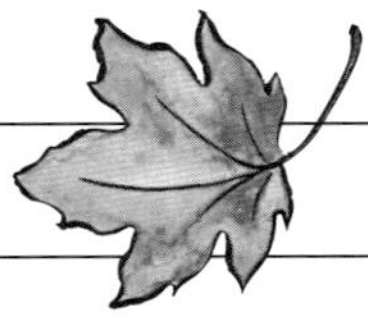

Für einen handlungsorientierten Religionsunterricht!

Winfried Röser

Ethik

Praxiserprobte Kopiervorlagen für handlungsorientierten Unterricht

Bei diesen Mappen ist Handlungsorientierung gefragt! Die Arbeitsblätter sprechen die Themen an, die der jeweiligen Altersstufe entsprechen und die Jugendlichen wirklich betreffen. Alle Aufgabenstellungen wurden erfolgreich in der Praxis erprobt. So helfen Sie Ihren Schülerinnen und Schülern bei einer kritischen und differenzierten Auseinandersetzung mit sich und ihrer Umwelt.
Die ideale Unterstützung, besonders wenn Sie fachfremd unterrichten!

Kopiervorlagen, 46 Seiten, DIN A4
5. und 6. Schuljahr
Best.-Nr. 2291

Kopiervorlagen, 55 Seiten, DIN A4
7. und 8. Schuljahr
Best.-Nr. 2292

Kopiervorlagen, 52 Seiten, DIN A4
9. und 10. Schuljahr
Best.-Nr. 2293

Siegfried Macht

Gemeinsam durch das Kirchenjahr

Geschichten, Lieder, Spiele und mehr

Suchen Sie einen Begleiter durch das ganze Kirchenjahr? Dann haben Sie ihn gefunden! Diese umfangreiche Sammlung ist randvoll mit Geschichten, Liedern, Spielen, Arbeitsblättern, Meditationen und Bastelideen zu allen christlichen Festen – evangelischen und katholischen! Sie erleichtert es Ihnen, einen abwechslungsreichen und ganzheitlichen Unterricht zu gestalten. Auf der Begleit-CD finden Sie Lieder des Buches als Playback-Version.
Auch für fachfremd unterrichtende Lehrkräfte bestens geeignet!

Buch, 140 Seiten, DIN A4
5. bis 10. Schuljahr
Best.-Nr. 4286

CD (Playback), ca. 50 Min. Spielzeit
Best.-Nr. 4287

Elisabeth Höhn

Rätsel für den Religionsunterricht

100 Rätsel rund um Bibel & Religionsgeschichte

Mit rauchenden Köpfen und eifrigen Fingern in der Bibel blättern? Warum nicht! Gottes Botschaft in Hieroglyphen, Pharaonen im Suchsel, Luthers Leben im Lückentext – motiviert erschließen Ihre Schülerinnen und Schüler mit den rund 100 Rätseln viele biblische und religionsgeschichtliche Themen. Rätsel zu klassischen Bibelinhalten wie Schöpfung, Propheten, Jesus und Paulus bilden dabei den Schwerpunkt. Darüber hinaus werden wichtige Persönlichkeiten der Religionsgeschichte „enträtselt".
Ein Buch für alles: zur Vertiefung der Unterrichtsthemen, als Lernkontrolle oder als Element in der kirchlichen Jugendarbeit!

Buch, 124 Seiten, DIN A4
5. bis 10. Schuljahr
Best.-Nr. 3669

Susanne Dannenmann

Moderne Theaterstücke für den Religionsunterricht

Biblische Geschichten für die Bühne aufbereitet

Da ist Ihnen die Begeisterung von Akteuren und Publikum sicher! Denn diese acht Theaterstücke verknüpfen wichtige biblische Geschichten des Alten und Neuen Testaments auf humorvolle Weise mit der Lebenswelt und der Sprache der Kinder. Praktische Hinweise zur Umsetzung der Stücke, zur Bühnengestaltung, zu Requisiten und Regieanweisungen machen es kinderleicht, die Stücke aufzuführen.
Jetzt können sich auch kirchenferne Schüler/-innen mit den Aussagen der Geschichten auseinandersetzen und Zugang zu biblischen Inhalten finden!

Buch, 100 Seiten, DIN A4
5. und 6. Schuljahr
Best.-Nr. 3612

Unser Bestellservice:

Das komplette Verlagsprogramm finden Sie in unserem Online-Shop unter

www.persen.de

Bei Fragen hilft Ihnen unser Kundenservice gerne weiter.

Deutschland: ✆ 0 41 61/7 49 60-40 · Schweiz: ✆ 052/366 53 54 · Österreich: ✆ 0 72 30/2 00 11